*René Förder*

# 111 Orte in Sachsen-Anhalt, die man gesehen haben muss

111

emons:

**Bibliografische Information der Deutschen Nationalbibliothek**
Die Deutsche Nationalbibliothek verzeichnet diese Publikation in der Deutschen Nationalbibliografie; detaillierte bibliografische Daten sind im Internet über http://dnb.d-nb.e abrufbar.

FSC www.fsc.org
MIX
Papier | Fördert gute Waldnutzung
FSC® C083411


Gestaltung: Eva Kraskes, nach einem
Konzept von Lübbeke | Naumann | Thoben
Kartografie: altancicek.design, www.altancicek.de
Kartenbasisinformationen aus Openstreetmap,
© OpenStreetMap-Mitwirkende, ODbL
Druck und Bindung: CPI – Clausen & Bosse, Leck
Printed in Germany 2022
ISBN 978-3-7408-1471-7

# Vorwort

Liebe Leserinnen und Leser, herzlichen Glückwunsch! Sie interessieren sich für ein ganz besonderes Bundesland. Ich weiß, wovon ich rede, ich war da. Die Idee für dieses Buch entstand 2011. Ich machte mir selbst ein Geschenk und reiste zum ersten Mal als Autor durch die Landschaften und Orte meiner Kindheit. Ich habe seitdem nicht mehr damit aufgehört.

Sachsen-Anhalt ist nicht nur das Land mit den meisten a im Namen, sondern auch mit den meisten Weltkulturerbestätten. Und natürlich werden all diese weltberühmten Denkmäler und Parks in diesem Buch gewürdigt. Genauso wie die vielen Orte, die niemals auf der UNESCO-Liste erscheinen werden, die Sie aber ebenfalls faszinieren werden.

Die Auswahl der 111 Orte ist vollkommen subjektiv. Coswig fand ich spannend, weil es den Komponisten der hawaiianischen Hymne hervorgebracht hat. Bevor ich nach Bad Kösen kam, hatte ich keine Ahnung, was ein Gradierwerk ist, und schon gar nicht gewusst, wie beeindruckend das sein kann. Tangermünde klingt wie ein Ort am Meer und ist so schön wie eine Perle. Magdeburg wird immer mehr zu einer echten Landeshauptstadt. Halle bleibt die coolste Stadt im Bundesland, Naumburg müsste eigentlich von Touristen überrannt werden. Im Biosphärenreservat fühlen sich nicht nur die Biber wohl. Der Elberadweg ist für Radler das Paradies, und im Wörlitzer Park wächst ein riesiges männliches Geschlechtsorgan auf einer Wiese. In diesem Buch verrate ich Ihnen auch, wo.

Sachsen-Anhalt kann mit einzigartiger Kultur und fast unberührter Natur aufwarten. Was ich gesehen habe, hat mich wirklich begeistert. Ich bin mir sicher, Ihnen wird es genauso gehen.

# 111 Orte

Naturbad
Mosigkau

mann-Lutze-Pfad

# 1 Der Irrgarten

*Schöne Irrungen und Wirrungen*

Die 111 Orte, die in diesem Buch vorgestellt werden, sind alphabetisch geordnet. Dass der erste Ort der barocke Irrgarten in Altjeßnitz ist, passt aber ganz hervorragend.

Sachsen-Anhalt bietet, wenn man es bereist, so viel Sehenswertes und ist so groß, dass man sich darin wie in einem Irrgarten fast verirren oder gar verlieren kann. Im barocken Irrgarten von Altjeßnitz geht das auch. Auf den engen, von zwei Meter hohen Hainbuchenhecken begrenzten Wegen kann man sich ratzfatz verlaufen und dort auch jemanden verlieren. Wenn man will. Vielleicht schnarcht gerade jetzt neben Ihnen jemand im Bett, bei dessen Anblick Sie denken, ach, den wollte ich doch schon vor Jahren weggeben. Dann packen Sie ihn ein und fahren mit ihm in den Irrgarten nach Altjeßnitz. Schon nach wenigen Metern wird er im dichten Grün nicht mehr durchblicken, und Sie sehen ihn nie wieder. Der 2.600 Quadratmeter große Irrgarten ist ein guter Ort für Entliebte und natürlich der perfekte Ort für Verliebte. Er liegt inmitten eines barocken Gutsparks. Den begann Hans Adam Freiherr von Ende im Jahr 1699 anzulegen. Der Irrgarten geht auf einen Entwurf des Landpfarrers Johann Peschel zurück. Peschel starb leider, ohne zu erleben, wie sich seine Schäfchen darin verirrten.

Ein Spaziergang auf den geschwungenen Wegen des Parks, geschützt unter prächtigen Blutbuchen, Eichen und Linden, ist ein großes Vergnügen. Der 40 Meter hohe Tulpenbaum beeindruckt mit seinen zwei Metern Stammumfang.

An einem der Wege liegt eine kleine Kirche aus dem 12. Jahrhundert. Ihr Mauerwerk aus Feldsteinen strahlt die Ruhe und Würde des Alters aus. Ein Warnhinweis an alle Romantiker: Es könnte sein, dass Sie nun vor Ihrer Begleitung auf die Knie gehen und sie bitten, Sie genau in dieser Kirche zu heiraten. Nur zu, heiraten Sie! Wenn Ihr Partner Sie dann nervt, gibt es ja immer noch den riesigen Irrgarten.

**Adresse** Gutspark, Hauptstraße 8, 06800 Altjeßnitz, www.irrgarten-altjessnitz.de | **ÖPNV** Bus 436 aus Wolfen, Haltestelle Hauptstraße | **Anfahrt** von der B 185 über die L 136 | **Öffnungszeiten** April–Okt. Mo–Fr 14–20 Uhr, Sa, So und Feiertage 10–20 Uhr | **Tipp** Lohnend ist ein Abstecher zu den 114 Meter hohen Windrädern von Bobbau.

# 2 Der Arendsee

*Die Perle der Altmark*

Der 25. November war der letzte Tag im Leben vom Müller Arend. Mit einem unheimlichen Grollen, das direkt aus der Mitte des Sees zu kommen schien, kündigte sich das Unglück an. Es war, als sperrte die Hölle ihren Schlund auf, um Bäume, Sträucher, das ganze Ufer und am Ende sogar den Müller Arend samt seiner Windmühle in die Tiefe zu reißen. So jedenfalls will es die Legende um den angeblichen Namensgeber des Arendsees.

Der Arendsee ist ein sogenannter Einbruchsee. Er entstand durch mehrere Einbrüche des Grundwassers in den darunter liegenden Salzstock. Der letzte große Einbruch, der den armen Müller in den Abgrund riss, geschah eben an jenem Novembertag im Jahr 1685. Seitdem erstreckt sich der See über 540 Hektar und ist bis zu 50 Meter tief. Wer diese Tiefe jetzt mit der maximalen Länge von 3,3 und der ungefähren Breite von 2 Kilometern multipliziert, kann so herausfinden, wie viel Wasser in diesen See passt. Man kann es aber auch lassen und sofort zum Arendsee fahren, um auf dem zehn Kilometer langen Wanderweg, den See zu umrunden.

Durch seine geschützte Lage an der ehemaligen innerdeutschen Grenze bildete sich an seinem Nordufer eine ganz einmalige Tier- und Pflanzenwelt. Im Winter lassen sich Zehntausende Gänse in der Dämmerung auf dem Wasser nieder. Absolut eindrucksvoll und genauso laut wie ein Junggesellinnen-Abschied in der Kölner Altstadt.

Im Sommer ist der See ein Wassersportparadies. Sie können segeln, Stand-up-paddeln oder gemütlich mit dem Tretboot fahren. Wer Kinder hat oder gern seine körperlichen Grenzen austestet, wird sich im Strandbad über die 72 Meter lange Wasserrutsche freuen. Wer Ruhe sucht, auf den warten ein feinkörniger Sandstrand und baumbestandene Liegewiesen.

Und wer keine Lust auf nasse Textilien verspürt, kann sich im ausgedehnten FKK-Bereich ausleben.

**Adresse** 39619 Arendsee, www.strandgaststaette-arendsee.de | **ÖPNV** mit dem Zug bis Osterburg, dann Bus 961, Haltestelle Arendsee Busbahnhof | **Anfahrt** über die B 190 | **Tipp** Die Sauna am Seeufer – erst schwitzen, dann schwimmen.

# 3 Der Garten Eden

*Der erste Hippie*

Wenn es den Begriff Außenseiter nicht schon gäbe, müsste man ihn für den 1874 in der Altmark geborenen Gustav Nagel erfinden. Die Männer seiner Generation klemmten sich Monokel ins Auge und träumten davon, mit dem Säbel in der Hand auf dem Schlachtfeld zu sterben. Er ließ sich die Haare wachsen, lebte über ein Jahr im Wald und pilgerte barfuß nach Jerusalem. 1910 gründete er am Ufer des Arendsees seinen »Garten Eden« und predigte fortan von Liebe und Frieden. Gustav Nagel errichtete auf seinem Seegrundstück aus Naturmaterial phallusartige Säulen als Zeichen der Fruchtbarkeit. Er war das Kontrastprogramm zum millionenfachen Sterben in den Schützengräben des Ersten Weltkriegs.

Von den Erfahrungen des Kriegs traumatisiert, strömten nach 1918 bis zu 10.000 Sinnsucher im Jahr in den »Garten Eden«. Ihr Eintrittsgeld machte Nagel zum reichen Mann und bescherte dem Ort Arendsee die größten Steuereinnahmen von einer Privatperson. Aber was wie eine Liebesgeschichte zwischen ihm und der Gemeinde klingt, war tatsächlich ein täglicher Kampf gegen Intoleranz und staatliche Willkür. Von 1900 bis 1903 war Nagel entmündigt. Die Nazis steckten ihn 1943 erst ins KZ und ein Jahr später in eine Nervenheilanstalt. Nagel war für die Rechte der Juden eingetreten, hatte in Briefen an Hitler und Goebbels gegen Verfolgung und für Aussöhnung gestritten. Nach 1945 wurde er dafür als Antifaschist gefeiert.

Gustav Nagel blieb unangepasst. Er predigte gegen die deutsche Teilung – das kostete ihn erneut seine Freiheit. 1950 erklärten ihn diesmal die DDR-Bürokraten zum Geistesgestörten und steckten ihn wieder in dieselbe Nervenheilanstalt. Dort starb er 1952. Heute erinnern Schautafeln und Reste der Tempel im ehemaligen »Garten Eden« am Ufer des Arendsees an sein Wirken. Seine damals »verrückten« Ideen finden sich heute bei den Grünen, den Tierschützern und in der alternativen Medizin.

**Adresse** Lindenstraße, 39619 Arendsee | **ÖPNV** mit dem Zug von Magdeburg nach Salzwedel, weiter mit dem Bus 200, Haltestelle Arendsee Bahnhofstraße | **Anfahrt** über die B 190 | **Tipp** Die romanische Klosterkirche von 1185 im ehemaligen Kloster Arendsee ist sehr sehenswert.

# 4 Das Gradierwerk

*Ordentlich gesalzen!*

Gradierwerke nennt man die Kathedralen des Salinenwesens. Wer vor dem imposanten Gradierwerk von Bad Kösen steht, weiß, woher dieser Vergleich kommt. Aber jetzt mal ganz dumm gefragt: Was ist eigentlich ein Gradierwerk?

Ein Gradierwerk ist eine Anlage zur Salzgewinnung. Sie besteht aus einem Holzgerüst, das mit Reisigbündeln aufgefüllt ist. Gradieren bedeutet, einen Stoff in einem Medium zu konzentrieren. Im Fall des Gradierwerkes wird der Salzgehalt im Wasser erhöht, indem Sole durch das Reisig hindurchplätschert. Dabei verdunstet das Wasser, und das Salz bleibt hängen. Jetzt könnten Sie denken, das ist ja schön und gut, aber wenn ich Salz brauche, gehe ich in den Supermarkt. Natürlich, doch vor 300 Jahren war Salz begehrt und sehr wertvoll – man nannte es das »weiße Gold«. Das Wort »Salär« geht unmittelbar auf die Bezahlung von Lohn in Salz zurück. So ist es kein Wunder, dass August der Starke die Salzförderung extrem vorantrieb. In seinem Auftrag bohrte der Kurfürstlich-Sächsische Bergrat Johann Gottfried Borlach im Bad Kösener Gestein. Er hatte Erfolg und stieß auf eine Soleader. Sole ist Wasser, das sich beim Fließen durch salzhaltiges Gestein mit Salz angereichert hat.

Seit 1730 wird in Bad Kösen Salz gewonnen. Und zwar mit derselben Technik. Über ein kunstvolles Gestänge wird das salzhaltige Wasser über 400 Meter zum Gradierwerk gepumpt. Wie gut und wie genau das technische Denkmal immer noch funktioniert, erklärt Barbara Odrich bei einer Führung durch den Borlachschacht.

Heute wird das Gradierwerk für Kuren genutzt. Beim Einatmen reinigen die feinen Salzkristalle in der Luft die Atemwege intensiv von Bakterien und lassen die Schleimhäute abschwellen. Für Asthmatiker und Pollenallergiker ist ein Spaziergang durch das Gradierwerk deshalb genauso heilsam wie eine Strandwanderung an der Nord- oder Ostsee.

**Adresse** Parkstraße 4–6, 06628 Bad Kösen, www.gradierwerk-bad-koesen.de | **ÖPNV** Bahnstrecke Berlin–München bis zum Intercity-Haltepunkt Naumburg/Saale, weiter mit der Regionalbahn bis Bad Kösen | **Anfahrt** an der B 87 zwischen Naumburg und Apolda | **Öffnungszeiten** während der Kursaison Mi–Fr 15–17 Uhr, Sa, So, Feiertage 13–17 Uhr | **Tipp** Besuchen Sie die Rudelsburg im Ortsteil Saaleck wegen ihrer tollen Lage oberhalb der Saale.

# 5 Die Puppenausstellung

*»Sternschnuppchen« im Romanischen Haus*

»Ick koof euch keene Puppen [...] Macht euch selber welche«, sagte Max Kruse, Käthe Kruses Ehemann und Vater ihrer Kinder, 1905, ohne zu ahnen, dass er damit eine weltweite Erfolgsgeschichte in Gang setzte.

Denn Käthe Kruse machte ihre Puppen selbst. Zunächst wirklich nur für ihre Kinder und aus Dingen, die sie im Haushalt fand. Ein Handtuch, eine Kartoffel und warmer Sand, fertig war die Puppe. Sie hielten natürlich nicht lange. Käthe Kruse verfeinerte die Herstellung immer mehr und gab den Puppen die Gesichter ihrer Töchter. Die typische Käthe-Kruse-Puppe war geboren.

Als eines ihrer Kinder erkrankte, kam sie zum Kuren nach Bad Kösen. Während sich das Kind erholte, entstand Käthe Kruses Idee, ihre Puppen in großer Stückzahl herzustellen – und zwar genau hier in Bad Kösen. Als kluge und kreative Geschäftsfrau machte sie aus ihrer Puppenwerkstatt in kurzer Zeit einen der wichtigsten Arbeitgeber der Stadt. Infolge des Zweiten Weltkriegs wurde die Produktion sehr erschwert. In der sowjetisch besetzten Zone war eine Puppenherstellung unmöglich. Ihr Sohn verlegte die Manufaktur nach Bayern. Die Bad Kösener Puppenmanufaktur wurde zum Volkseigenen Betrieb und stellte zunächst weiter Puppen, später künstlerisch hochwertige Plüschtiere her. Käthe Kruse verließ Bad Kösen 1954 und kehrte niemals wieder zurück.

Seit 1993 ist zumindest ein Teil ihrer Puppen wieder in der Stadt zu sehen. Liebhaber und Liebhaberinnen finden Raritäten und Unikate wie das »Schlenkerchen«, das »Sandbaby« und das »Sternschnuppchen«. Insgesamt werden über 230 dieser wertvollen Puppen im Obergeschoss des Romanischen Hauses präsentiert.

Das Romanische Haus ist über 900 Jahre alt und zählt damit zu den ältesten erhaltenen Steinbauten eines Klosters in Mitteldeutschland. Im Erdgeschoss erzählt eine Ausstellung von der langen Geschichte des Klosters und der Salzgewinnung in Bad Kösen.

Adresse Am Kunstgestänge, 06628 Bad Kösen | ÖPNV Bahnstrecke Berlin–München bis zum Intercity-Haltepunkt Naumburg/Saale, weiter mit der Regionalbahn bis Bad Kösen | Anfahrt über die B 87, zwischen Naumburg und Apolda | Öffnungszeiten 1. April–31. Okt. Di–So 10–17 Uhr, 1. Nov.–31. März Di–So 10–16 Uhr; an Feiertagen geöffnet, am 23., 24., 31. Dez. und 1. Jan. geschlossen | Tipp Machen Sie die Führung »Vom Flößerort zum Heilbad« mit! Treffpunkt ist jeden zweiten und vierten Samstag um 14 Uhr an der Tourist-Info.

# 6__Der Eulenspiegelturm

*Witzischkeit kennt kein Pardon*

Ja, leck mich doch am Arsch! Das soll hier keine Beschimpfung sein, sondern die Deutung des Namens Eulenspiegel. Im Mittelniederdeutschen bedeutet ulen (Eulen) wischen und Spegel (Spiegel) Gesäß. Somit heißt der Ausruf »Ul'n spegel« übersetzt »Wisch mir den Hintern«. Oder eben: Leck mich am Arsch! Und genau das will man auch zwischen den Zähnen hervorpressen, wenn man den 44 Meter hohen Eulenspiegelturm hochschnauft.

Der berühmte Schelm Till Eulenspiegel hat vermutlich in der Mitte des 14. Jahrhunderts beim Grafen von Anhalt-Bernburg als Turmbläser gearbeitet. Eines Tages soll der Graf ein ausgiebiges Gelage im Hof veranstaltet haben. Von seinem Turm aus beobachtete Till, wie die Tafel immer leerer und die Bäuche immer dicker wurden. Und obwohl manche Fettwänste schon fast platzten, brachte man ihm nichts an seinen Arbeitsplatz. Also nahm Till Eulenspiegel sein Horn und blies kräftig Alarm. Die Feiergesellschaft trieb in Panik auseinander. Die Ritter sattelten auf und galoppierten den vermeintlichen Feinden entgegen. Till Eulenspiegel schritt gemächlich die Treppe hinab und aß genussvoll die ihm vorher verwehrten Speisen. Es wird jetzt niemanden überraschen, dass er danach seinen Job als Turmbläser los war. So zog Till Eulenspiegel weiter ins Magdeburger Land, um noch mehr überkandidelte Herrschaften auf die Schippe zu nehmen.

Niemand kann endgültig sagen, ob Till Eulenspiegel wirklich eine Zeit lang auf dem mächtigen Turm aus dem späten 12. Jahrhundert gewacht hat, der zum Renaissanceschloss Bernburg gehört. Aus gesicherten Quellen geht jedoch hervor, dass der Turm schon seit 1640 seinen Namen trägt. Heute ist er das Wahrzeichen der Stadt Bernburg.

Eulenspiegels typische Narrenkappe wirkt inzwischen ziemlich albern. Sein schelmischer Widerstand gegen die Mächtigen ist aber immer noch ein Beispiel großer Zivilcourage.

**Adresse** Schloßstraße 24, 06406 Bernburg (Saale) | **ÖPNV** mit der Elbe-Saale-Bahn und dem Harz-Elbe-Express, Haltestelle Bernburg Hbf. | **Anfahrt** A 14, Ausfahrt 10 Bernburg/Güsten/Aschersleben | **Öffnungszeiten** April–Okt. Mo–So 10–16 Uhr | **Tipp** Es empfiehlt sich ein Besuch des DDR-Kabarett-Museums im Schloss.

# 7 Die Euthanasie-Gedenkstätte

*Unnötiges Leben*

14 Quadratmeter im Kellergeschoss des Gebäudes »Wilhelm Griesinger« erzählen die Geschichte von 9.385 Menschen, die zwischen November 1940 und August 1941 auf dem Gelände des heutigen Fachklinikums für Psychiatrie nach einem formlosen Beschluss Hitlers ermordet wurden. Die sogenannte »Aktion T4« sah im ersten Schritt vor, kranke und behinderte Menschen aus umliegenden Psychiatrie-Anstalten nach Arbeits- und Leistungsfähigkeit zu bewerten. Im zweiten Schritte sollten diejenigen, die als »unnötig kostenverursachendes« Leben klassifiziert wurden, ausgelöscht werden. 75 Menschen wurden in der Gaskammer der Tötungsanstalt mit Kohlenmonoxid vergiftet. Anschließend wurden sie im Krematorium verbrannt, oder ihre Leichen wurden der Wissenschaft zur Verfügung gestellt. Ein Standesamt korrigierte die Sterberate öffentlichkeitswirksam nach unten. Die genauen Einsparungen eines Menschenlebens wurden später in geheimen Statistiken in Butter, Eier und Mehl umgerechnet.

Bernburg galt als eines von sechs Mordzentren des »Großdeutschen Reiches«. Bis 1943 wurden hier in einer zweiten Tötungsphase über 5.000 Angehörige weiterer Häftlingsgruppen ermordet. Juden, Sinti, Roma, Homosexuelle und Zeugen Jehovas verloren direkt nach der Ankunft aus verschiedenen Konzentrationslagern ihr Leben. Unter ihnen die Antifaschistin Olga Benario-Prestes.

Jahrzehntelang fand man zum Gedenken der Opfer nur eine einzelne Urne in den Räumlichkeiten der ehemaligen Gaskammer. Seit einer Umgestaltung im Jahr 1988 ist die Gedenkstätte öffentlich zugänglich. Sie soll als Ort der Begegnung, der Besinnung und des Gesprächs verstanden werden. Ein Ort, an dem eine aktive Auseinandersetzung mit der deutschen Geschichte, der Gegenwart und mit Themen wie Ausgrenzung und Täterschaft ermöglicht wird.

**Adresse** Olga-Benario-Straße 16, 06406 Bernburg (Saale), Tel. 03471/319816, www.gedenkstaette-bernburg.de | **ÖPNV** von Magdeburg über Calbe oder Güsten; von Halle über Könnern oder Köthen | **Anfahrt** A 14, Ausfahrt Bernburg, in der Stadt Richtung Halle, der Beschilderung des Fachkrankenhauses folgen | **Öffnungszeiten** Di–Fr 9–16 Uhr | **Tipp** Die Gaststätte Reiman mit Biergarten an der Saale und herrlichem Blick auf das Schloss Bernburg (An der Uferpromenade) sollte man unbedingt besuchen.

# 8 Der Kulturpalast

*»Greif zur Feder, Kumpel …*

… die sozialistische deutsche Nationalkultur braucht dich!« Die von Walter Ulbricht ausgegebene Parole war das Motto der Autorenkonferenz, die 1959 im Bitterfelder Kulturpalast stattfand. Schriftsteller wie Erwin Strittmatter diskutierten, wie den Werktätigen ein aktiver Zugang zur Kunst ermöglicht werden könnte. Manche debattierten euphorisch, andere waren eher skeptisch. Der Dichter Kurt Walter Barthel, »KuBa« genannt, glaubte jedenfalls nicht an den nach dem Ort der Konferenz benannten »Bitterfelder Weg«. KuBa meinte dazu: »Das wird ein bitterer Feldweg werden.« Und er sollte Recht behalten. Schon 1965 wurde der Bitterfelder Weg de facto wieder beerdigt.

Der Bitterfelder Kulturpalast wurde am 13. Oktober 1954 eröffnet und erhielt den Namen des ersten Präsidenten der DDR, Wilhelm Pieck. Einen Großteil des Aufbaus leisteten Werktätige des Chemiekombinats. Nach Feierabend und freiwillig, zumindest offiziell. Der Palast verfügt über einen Saal mit 1.000 Sitzplätzen. Das Bauwerk gilt als »neoklassizistische Monumentalarchitektur aus der DDR-Zeit«.

Im Kulturpalast wurde ein Straßenfeger des frühen DDR-Fernsehens aufgezeichnet. Bei »Ehe-Ring frei!« traten unverheiratete junge Paare gegeneinander an. Das siegreiche Paar gewann eine komplette Wohnzimmereinrichtung. Damals so wertvoll wie ein Lottogewinn. 1965 machte sich auch Udo Jürgens auf den Bitterfelder Weg und brachte das proletarische Publikum mit seinem Lied »Siebzehn Jahr, blondes Haar« mal auf ganz andere Gedanken.

Nach 1990 wurde das Haus an einen Privatunternehmer verkauft, der es sanierte und bis 2015 für Veranstaltungen zur Verfügung stellte. 2017 drohte der Abriss. Das mobilisierte großen Widerstand bei den Menschen der Stadt. Mit Hilfe von Bundesmitteln wurde ihr legendärer Kulturpalast gerettet. In Zukunft wird er Firmensitz einer Eventagentur sein, die dort auch Veranstaltungen plant. Es zieht wieder Leben ein.

Adresse Parsevalstraße 2A, 06749 Bitterfeld-Wolfen, www.kultur-palast.com | ÖPNV S 2 von Leipzig Hbf., ab Bahnhof Bitterfeld mit dem Bus bis Haltestelle Parsevalstraße | Anfahrt A 9, Ausfahrt Bitterfeld-Wolfen, weiter über B 183 bis Parsevalstraße | Öffnungszeiten derzeit nur von außen zu besichtigen | Tipp Ein Besuch im Industrie- und Filmmuseum Wolfen in der Bunsenstraße 4 lohnt sich.

# 9 Der Pegelturm

*Wer hoch hinaus will, sollte schwindelfrei sein*

Vertigo ist der medizinische Fachausdruck für Schwindel. »Vertigo« ist auch der Titel eines Hitchcock-Films, in dem James Stewart schon einen Schwindelanfall bekommt, wenn er nur ein Dach oder eine Treppe sieht. Den Aufstieg über die Wendeltreppe auf den Pegelturm hätte er vielleicht noch bewältigt, aber den Abstieg … Nur ein Stahlseilnetz trennt den Besucher vom Abgrund. Keine Brüstung, nicht mal ein Sichtschutz, nichts. Der Blick geht hinab auf das Wasser des Goitzschesees. Verführerisch sanft gleiten die Wellen ans Ufer, dabei weiß doch jeder, dass es zu Beton wird, wenn man aus 26 Meter Höhe daraufprallt. Und auch der Pegelturm selbst steht nicht mal fest, er schwimmt und bewegt sich. Wahrscheinlich sind spätestens jetzt alle, die an Höhenangst leiden, ausgestiegen. Kein Problem, bleiben Sie unten auf der Brücke, die zum Pegelturm führt, und beobachten Sie die Menschen, die sich überschätzt haben und jetzt auf halber Strecke weder vor noch zurück können. Aber fühlen Sie sich dabei nicht zu sicher. Die letzte Brücke wurde 2007 vom Sturm Kyrill einfach davongerissen.

Bis 1993 wurden hier Braunkohle und Bernstein gefördert. Bernstein wird auch als »Tränen der Götter« bezeichnet. Das Vorkommen war ergiebig. Die Götter müssen also viele Tränen vergossen haben. Wahrscheinlich beim Anblick der Mondlandschaft, die der Tagebau hinterlassen hatte. Die Götter würden auch heute weinen, diesmal vor Glück, wenn sie vom Pegelturm auf den Jachtclub schauen würden. Ein Jachtclub in Bitterfeld, ist das zu fassen?

1999 begann die Umsetzung des weltweit größten Landschaftskunstvorhabens. Ein 60 Quadratkilometer großes Braunkohle-Abbaugebiet wurde in wenigen Jahren in ein Naherholungs- und Naturschutzgebiet umgewandelt. Die Stadt entwickelte sich vom schmutzigsten Ort Europas zu einer Region mit hohem Freizeitwert. Wer nicht an Wunder glaubt, sollte einfach mal nach Bitterfeld fahren.

Adresse Bernsteinweg, 06749 Bitterfeld-Wolfen, www.pegelturm.de | ÖPNV Bus 433a, Haltestelle Pegelturm/Parkplatz | Anfahrt von Norden über die B 100, von Süden über die B 183 oder die B 100 | Öffnungszeiten bei gutem Wetter tagsüber zugänglich | Tipp Wer noch mehr Lust auf gute Aussichten hat, kann den Bitterfelder Bogen im Ortsteil Holzweißig erklimmen.

# 10 Der Barockgarten

*The king was amused*

Schloss Blankenburg ist seit dem 18. Jahrhundert eine kleine Residenz der Herzöge zu Braunschweig-Lüneburg. Für uns Bürgerliche klingt Braunschweig-Lüneburg erst mal nicht so wahnsinnig spektakulär. Aber das Haus Braunschweig-Lüneburg gehört zum europäischen Hochadel; dieser Familie entstammte unter anderem George I., ab 1714 König von Großbritannien und Irland. Der Hochadel musste zu allen Zeiten, besonders aber im Barock, neben einem repräsentativen Anwesen auch eine vorzeigbare Sommerfrische sein Eigen nennen, natürlich mit einem Park. Großflächige Gartenanlagen waren damals Teil des Selbstverständnisses der absolutistischen Fürsten. Mit Hilfe der gebändigten Natur drückten sie Macht und Wohlstand aus.

Im Barock verlief die Entwicklung von Architektur und Gartenkunst weitgehend parallel. Berühmte Gartenbauer und angesagte Architekten arbeiteten Hand in Hand bei der Bauplanung und Parkgestaltung. In Blankenburg entstand so eine kleine Lustgartenanlage mit einem fürstlichen Gartenhaus, dem heutigen Kleinen Schloss. Die Terrassen des Gartens wurden mit Vasen, Skulpturen und Brunnenanlagen geschmückt.

Wie jeder klassische Barockgarten gliedert sich auch der Blankenburger Park in eine bestimmte Abfolge von Gartenbereichen. Da sind das Parterre, also die dem Schloss am nächsten gelegenen, ebenerdigen, meist sehr prächtigen Bereiche. Das Boskett ist der Hecken- und Niederwaldbereich und begrenzt die Außenseiten des Parks. Von dort geht es in den sogenannten Wald mit Alleen und hohen Bäumen. Von 1930 bis 1945 war Schloss Blankenburg sogar der herzogliche Hauptwohnsitz. Durch den Garten flanierte damals zum Beispiel Friederike Prinzessin von Hannover, die spätere Königin von Griechenland. Als »Bunte«-Leser wünscht man sich doch glatt 70 Jahre zurück. Aber man verlebt auch heute noch eine großartige Zeit im Barockgarten Blankenburg.

**Adresse** Schnappelberg 6, 38889 Blankenburg | **ÖPNV** Bus 253, Haltestelle Oberer Schnappelberg | **Anfahrt** von Quedlinburg über die B 79, die B 6 und die K 2356; ausreichend Parkplätze vorhanden | **Öffnungszeiten** April–Sept. 9–21 Uhr, Okt.–März 10–17 Uhr | **Tipp** Ein Besuch im Museum des Gartenschlosses lohnt sich auf jeden Fall.

# 11 Das Gut Lüben

*Ehemaliger Jugendwerkhof*

Die DDR wollte ihre Kinder zu »sozialistischen Persönlichkeiten« erziehen. Das war für Kinder in regulären Bildungseinrichtungen mal schön und oft anstrengend. In den Jugendwerkhöfen machte dieser Ansatz das Leben der meisten Kinder zur Hölle. Eberhard Mannschatz war bis 1977 für diese Einrichtungen verantwortlich. Mannschatz war Anhänger stalinistischer Pädagogik und forderte »die Besonderheiten in der Persönlichkeitsentwicklung zu überwinden, die Eigenheiten im Denken und Verhalten der Kinder und Jugendlichen zu beseitigen …«

Jugendliche im Alter von 14 bis 18 Jahren wurden im Jugendwerkhof »erzogen«. Sie hatten Ordnungswidrigkeiten begangen, die Schule geschwänzt, vielleicht im Konsum geklaut, waren Anhänger westlicher Musik oder hatten einfach das Pech, in schwierige Familienverhältnisse hineingeboren worden zu sein. Es waren Kinder, die psychologische Hilfe gebraucht hätten. Im Jugendwerkhof wurden sie ihrer Individualität beraubt. Ihr Alltag war bestimmt durch harte körperliche Arbeit in der Landwirtschaft oder den Betrieben der Region. Die Schule durften sie nur bis zur 8. Klasse besuchen.

In der sogenannten Freizeit stand Sport auf dem Plan. Die Erzieher folgten dem Prinzip der Kollektiverziehung. Verstieß ein Mädchen oder ein Junge gegen die strengen Regeln, wurde das ganze Kollektiv bestraft. Das fehlerhafte Individuum wurde dann durch die Gruppe diszipliniert. In Gut Lüben waren Erniedrigungen, Demütigungen und Körperstrafen Alltag. Am größten war die Angst vor Arrest, womit die Isolierung in einer Einzelzelle gemeint war, die bis zu zwölf Tage andauern konnte. Die Träume dieser Jugendlichen, die fast noch Kinder waren, wurden zerstört, ihre Biografien gebrochen. Viele der Betroffenen leiden bis heute darunter.

Seit 1991 unterstützt das Cornelius-Werk auf Gut Lüben Kinder, Jugendliche und Senioren mit echten Hilfsangeboten.

Adresse Parchauer Chaussee 1a, 39288 Burg | Anfahrt B 1 von Magdeburg in Richtung Burg, bis zu Parchauer Chaussee 1a, dann der Beschilderung »Gut Lüben« folgen und rechts auf eine Waldstraße abbiegen | Öffnungszeiten Es handelt sich um keine offizielle Gedenkstätte, aber es ist möglich, sich diskret auf dem Gelände umzuschauen. | Tipp Die Trogbrücke als Herzstück des Wasserstraßenkreuzes Hohenwarte bietet eine tolle Aussicht.

# 12__Coswig

*Aloha from Coswig!*

Woran denken Sie als Erstes, wenn Sie Coswig hören? Na? An Hawaii natürlich! Mildes Tropenklima, das tosende Meer und jede Menge aktiver Vulkane, das alles finden Sie in Coswig nicht. Trotzdem klingt bei offiziellen Anlässen auf Hawaii immer auch ein Stück Coswig mit. Der Komponist von »Hawai'i ponoî«, der Hymne von Hawaii, war Heinrich August Wilhelm Berger. Und dieser Heinrich August Wilhelm Berger verbrachte seine Kindheit und Jugend in Coswig. Wer möchte, kann jetzt aufstehen und mitsingen: »Hawai'i pono'î, Nânâ i kou mô'î, Ka lani ali'i, Ke ali'i.« Den Refrain ruhig lauter: »Makua lani ê, Kamehameha ê, Na kaua e pale, Me ka ihe.« Der schöne Text stammt von keinem Geringeren als König David Kalâkaua. Unser Heinrich Berger lieferte dazu 1874 die Musik. Also genau 99 Jahre bevor Elvis sein legendäres Live-Fernsehkonzert »Aloha from Hawaii« gab, bei dem garantiert auch irgendwo die hawaiianische Hymne gespielt wurde. Hawaii, Coswig, Elvis. Die Erde ist nur ein Dorf und eine Kleinstadt in Sachsen-Anhalt manchmal ihr Mittelpunkt.

Der preußische König persönlich schickte Heinrich Berger auf Bitten seines hawaiianischen Amtsbruders auf die Inselgruppe. Dort machte der Coswiger aus der »Royal Hawaiian Band« das beliebteste Ensemble. Einige der besten hawaiianischen Musiker wurden in dieser Band ausgebildet. Heinrich Berger blieb bis 1915 ihr erfolgreicher Chef. Daneben übernahm er die musikalische Leitung des »Honolulu Amateur Dramatic Club« und war Dirigent des Symphonieorchesters von Honolulu. In Erinnerung bleibt Heinrich Berger als ein Musiker, der preußisch-österreichische Militärmusik und hawaiianische Traditionen zu einem eigenen Stil verband. Preußisch-österreichische Militärmusik plus hawaiianische Rhythmen? Das könnte auch der Sound in einem Berliner Szeneclub werden.

Heinrich Berger, Weltmusiker aus Coswig.

Adresse 06869 Coswig (Anhalt) | ÖPNV mit dem Zug über die Bahnstrecke Roßlau–Falkenberg/Elster, Haltestelle Coswig Hbf. | Anfahrt über die B 107 oder die B 187 | Tipp Wer Flüsse mag, sollte mit der Gierseilfähre die Elbe in Coswig überqueren.

# 13 Die Anhaltische Gemäldegalerie

*Alte Meister mit jugendlicher Wucht*

»Mein Talent ist so groß, dass kein Unternehmen, wie groß es auch sein mag, jemals meinen Mut übertroffen hat.« So selbstbewusst sprach Peter Paul Rubens über sich – und das völlig zu Recht. Noch fast 400 Jahre nach seinem Tod werden seine Bilder überall auf der Welt ausgestellt, so auch in der Anhaltischen Gemäldegalerie im Schloss Georgium. Die 1927 gegründete Galerie umfasst mit circa 2.000 Gemälden die größte Sammlung Alter Meister in Sachsen-Anhalt. Präsentiert werden neben Peter Paul Rubens noch andere Stars der Renaissance- und Barockmalerei. Zu sehen sind zum Beispiel auch wichtige Werke von Lucas Cranach dem Älteren und Pieter Breughel dem Jüngeren. Die Sammlung wird ergänzt durch eine kleine Auswahl von Gemälden aus dem 19. und 20. Jahrhundert.

Das 1780 von Friedrich Wilhelm von Erdmannsdorff erbaute Schloss Georgium wurde jahrelang aufwendig saniert. Aus einem Schlossmuseum ist ein modernes Kunstmuseum geworden. Es gibt Vorbauten, an denen die Gemälde hängen, um die historischen Wände zu schützen. Ein neues Beleuchtungssystem wurde entworfen und installiert, und durch den gläsernen Aufzug, der die Etagen verbindet, ist die Ausstellung barrierefrei zugänglich. Alles wirklich schick, doch leider gab es technische Probleme mit der Klimaanlage. Zum Zeitpunkt des Druckes dieses Buches steht die Galerie jedoch vor ihrer Wiedereröffnung.

Das Schloss Georgium liegt inmitten des Georgengartens. Bei Zeitgenossen kam der besser an als der Wörlitzer Park. Auf schwierigem Terrain entstand eine Anlage im englischen Stil, in der klassizistische Bauten und Skulpturen in die Landschaft eingebettet wurden. Im Jahr 2000 wurde der Georgengarten als Teil des Dessau-Wörlitzer Gartenreichs in die Liste des UNESCO-Weltkulturerbes aufgenommen.

**Adresse** Puschkinallee 100, 06846 Dessau-Roßlau, www.gemaeldegalerie.dessau-rosslau.de | **ÖPNV** Bus 11 oder 12 von Dessau Hbf. bis Haltestelle Puschkinallee/Tierpark | **Öffnungszeiten** Interimsausstellung mit mehr als 80 Meisterwerken: Mi–So 10–17 Uhr im Johannbau (Museum für Stadtgeschichte) | **Tipp** Ein Besuch im benachbarten Lehrpark für Tier- und Pflanzenkunde bietet sich an.

# 14 Das Biosphärenreservat

*Eine Erfolgsgeschichte*

Das Jahr 1979 war eine Zeitenwende. China beschließt, den Kommunismus mit dem kapitalistischen Wirtschaftssystem zu kombinieren. Ayatollah Khomeini wird als Revolutionsführer zum Posterboy von Islamisten. Und die DDR macht aus einem kleinen Naturschutzgebiet ein Biosphärenreservat. Dieses hat die DDR nicht nur überdauert. Es ist seitdem genauso gewachsen wie das Umweltbewusstsein der Menschen. Von Wittenberg über Dessau-Roßlau und Magdeburg bis nach Seehausen liegt es links und rechts der Elbe.

Das Biosphärenreservat hat ein eigenes Wappentier, den Elbebiber. An der Elbe findet die früher vom Aussterben bedrohte Art optimale Lebensbedingungen. Die Biber vermehren sich so prächtig, dass viele von ihnen zur Wiederansiedlung nach halb Europa abgegeben werden. In der geschützten Landschaft sind seltene Vogelarten wie Kranich, Seeadler und Schwarzstorch zu Hause. Dank der deutlich verbesserten Wasserqualität leben in der Elbe wieder rund 35 Fischarten.

Das Biosphärenreservat Mittelelbe lässt sich bestens über den Elberadweg oder Wanderungen erleben. Es zählt zu den touristischen Hotspots von Sachsen-Anhalt. Einen ersten Eindruck können Sie zum Beispiel über einen Rundweg bekommen, der in Brambach, einem Ortsteil von Dessau-Roßlau, beginnt. Ausgangspunkt ist die Elbterrasse. Das gleichnamige Restaurant verköstigte schon vor über 150 Jahren Elbtreidler und Schiffer. Heute ist es besonders bei Radtouristen und Tagesausflüglern beliebt. Von dort wandern Sie über einen Auenweg entlang der Elbe, durchqueren den kleinen Ort Brambach, erspähen vielleicht ein paar Kraniche auf den Feuchtwiesen, erleben auf jeden Fall den Auenwald und sind eine Stunde später wieder am Ausgangspunkt angekommen. Gönnen Sie sich einen Aufenthalt auf der Elbterrasse. Genießen Sie den wunderbaren Blick auf die sanft dahinfließende Elbe und planen Sie den nächsten Trip in das Biosphärenreservat Mittelelbe.

Adresse Biosphärenreservat Mittelelbe, z. B. Brambach, An der Elbe 2, 06862 Dessau-Roßlau, www.mittelelbe.com/mittelelbe | Anfahrt B 187a von Zerbst nach Steutz, weiter Richtung Brambach | Öffnungszeiten Biosphärenreservat das ganze Jahr über zugänglich | Tipp Der sehenswerte Park zum Schloss Großkühnau in der Ebenhanstraße 8 liegt ganz in der Nähe.

# 15 Das Meisterhaus Kandinsky / Klee

*Tür an Tür mit Wassily*

Biegt man in die Ebertallee ein, schimmern zwischen den Kiefern schon weiße Häuserfassaden durch. Sie gehören zu den fünf verbliebenen Häusern, die nach Plänen von Walter Gropius für die ersten Meister des Bauhauses errichtet wurden. Noch heute, bald 90 Jahre nachdem sie bezogen wurden, wirken die Baudenkmäler sehr modern im Vergleich zu den übrigen Häusern im beschaulichen Stadtteil Ziebigk.

Walter Gropius umschrieb 1930 seine Vorstellung von Architektur so: »… die Baugestalt ist nicht um ihrer selbst willen da, sie entspringt allein aus dem Wesen des Baues, aus einer Funktion, die er erfüllen soll.« Und in einem Wohnhaus sind das nun mal die Funktionen des Wohnens, Schlafens, Badens, Kochens und Essens. Für die Meisterhäuser kam noch die Funktion des Arbeitens hinzu. In den großen und hellen Ateliers des Doppelhauses Kandinsky / Klee konnten sich die Kreativen voll ausleben. Die Nachbarschaft von Paul Klee zu Wassily Kandinsky war nicht zufällig gewählt. Die beiden Künstler waren echte Freunde. Legendär waren ihre gemeinsamen Silvesterpartys. Wie muss man sich so eine Künstlerparty vorstellen? Hemmungslos und rauschhaft? Hatten Kandinsky und Klee die Nasen voller Koks und die Gläser mit Absinth gefüllt? Oder knabberten sie spießig an Salzstangen, bis die Uhr endlich zwölf schlug? Wir wissen es nicht. Vor dem Fernseher mussten sie sich jedenfalls nicht langweilen. Der war noch nicht erfunden.

Bei der Farbgestaltung und der Austattung ihrer Häuser waren sich beide Künstler ähnlich. Wassily Kandinsky richtete sein Wohnzimmer zum Beispiel nur mit alten oder nicht aus dem Bauhaus stammenden Möbeln ein.

Kandinsky und Klee schufen mit ihren Ideen einen eigenen kreativen Raum, einen Ausdruck ihrer Individualität in der kühlen Strenge des Bauhausstils.

**Adresse** Ebertallee 63–71, 06846 Dessau-Roßlau, www.bauhaus.de | **ÖPNV** Bus 10, Haltestelle Ebertallee | **Anfahrt** A 9, Ausfahrt Dessau-Ost, auf die B 185, vom Zentrum kommend über die Puschkinallee geradeaus auf die Ebertallee | **Öffnungszeiten** Nov.–März täglich 11–17 Uhr, April–Okt. 10–17 Uhr | **Tipp** Im Technikmuseum Hugo Junkers erfahren Sie alles über den berühmten Flugzeugbauer.

# 16 Das Mendelssohn-Museum

*Nathan der Weise*

»Wahrheit erkennen, Schönheit lieben, Gutes wollen, das Beste tun.« Das war die Lebensmaxime von Moses Mendelssohn, dessen Leben und Schaffen eine Ausstellung in Dessau-Roßlau-Süd gewidmet ist. Das Haus gehört zur Gropiussiedlung und damit zum Bauhauserbe der Stadt Dessau.

Der Begründer der jüdischen Aufklärung wurde am 6. September 1729 in Dessau geboren, als jüngstes Kind eines Lehrers der jüdischen Gemeinde. Mendelssohns Kindheit war arm an materiellen Dingen, aber reich an Bildung. Seine Mutter stammte aus einer alten jüdischen Familie, aus der bedeutende Gelehrte hervorgegangen waren. Beim kleinen Moses fiel früh seine Hochbegabung auf. Mit 14 folgte er seinem Lehrer nach Berlin – und zwar zu Fuß über fünf Tage. Der Junge wollte wirklich lernen! Neben dem religiösen Studium in Berlin las Mendelssohn den englischen Frühaufklärer John Locke und wurde bald selbst zum Aufklärer.

Die Bekanntschaft mit Gotthold Ephraim Lessing brachte ihn zum Verleger Nicolai. Durch dessen Literaturzeitschrift wurde Mendelssohn der einflussreichste Literaturkritiker Deutschlands seiner Zeit. 1763 gewann er mit einem philosophischen Aufsatz den ersten Preis der »Königlichen Academie«. Mendelssohn war nun ein öffentlich anerkannter Denker. Die Popularität hatte aber auch Schattenseiten. Mendelssohn wurde in eine öffentliche Diskussion über das Christentum hineingezogen. Eine heikle Angelegenheit für ihn, die christlichen Eiferer seiner Zeit hatten die Toleranz der afghanischen Taliban von heute. Mendelssohn meisterte die Auseinandersetzung gewohnt brillant, doch die Anstrengung ruinierte seine Gesundheit. Er starb 1786 als bedeutender Philosoph und kluger Kämpfer für die Rechte der jüdischen Minderheit. Sein Freund Lessing nahm ihn zum Vorbild und setzte ihm in »Nathan der Weise« ein ewiges Denkmal.

**Adresse** Mittelring 38, 06849 Dessau-Roßlau, www.mendelsohn-dessau.de | **ÖPNV** Straßenbahn 1, Haltestelle Damaschkestraße / Südschwimmhalle | **Anfahrt** mit dem Pkw stadtauswärts über die Heidestraße, links über die Damaschkestraße, wieder links auf den Mittelring | **Öffnungszeiten** März – Okt. täglich 10 – 17 Uhr, Nov. – Feb. Mo – Fr 10 – 16 Uhr, Sa, So 13 – 16 Uhr | **Tipp** Unternehmen Sie eine Wanderung und überqueren Sie die Mulde über die sehenswerte Jagdbrücke (Plankenlinie).

# 17_Das Naturbad Mosigkau

*Wer will schon nach Malle?!*

Warum sollte jemand ein kleines Freibad in einem Vorort von Dessau besuchen? Ganz einfach: Weil es schön ist, eben weil es klein ist und weil es trotzdem alles hat, um hier einen perfekten Badetag mit der Familie zu verbringen. Das Naturbad Mosigkau ist ein Kinderparadies. Dort habe ich das Schwimmen gelernt, Würstchen gegessen und vom Steg aus Wasser-Hasche gespielt. Ich habe dort alles gemacht, was aus langen Sommerferien eine spannende Zeit zaubert. Ohne Sonnencreme, mit wenig Geld und dafür jeder Menge Spaß.

Das Naturbad wird vom Libbesdorfer Dorfgraben gespeist. Sein Wasser trieb ab dem 14. Jahrhundert eine Mühle an. Reste der Mühle sind noch zu bewundern. Im 16. Jahrhundert wurde aus dem Mühlteich ein herzoglicher Fischteich. Wahrscheinlich durften zu jener Zeit nur adlige Fische, also echte Blaublüter, geangelt werden. Eine Forelle blau ist demnach nicht nur einfach eine Forelle, sondern eine »von und zu«-Forelle. Also benehmen Sie sich entsprechend, wenn Sie das nächste Mal Ihr Fischmesser in so eine Forelle stechen!

1933 hatten die Nazis die Macht auch in Mosigkau übernommen. Ehemals Arbeitslose wurden zum Arbeitsdienst verpflichtet. Und dieser staatlich finanzierte Arbeitsdienst machte innerhalb eines Jahres aus einem verschlammten Fischteich das Naturbad. Am 3. Juni 1934 wurde es zur großen Freude der Mosigkauer feierlich eröffnet. Die Freude wäre sicherlich ausgeblieben, wenn die Feiernden gewusst hätten, dass viele der fleißigen Arbeitsdienstler nur wenige Jahre später auf den Schlachtfeldern des Zweiten Weltkriegs fallen würden.

Das Naturbad selbst war immer ein lebendiger Ort. Seit 1997 wird es mit großem Engagement vom Verein Naturbad e.V. geführt. Die Umkleidekabinen sind sauber, und die Wasserqualität ist seit Jahren konstant gut. Gönnen Sie sich den Badespaß mit einem geliehenen, gut aufgepumpten Traktorschlauch!

Adresse Prödelweg 1a, 06847 Dessau-Roßlau-Mosigkau, www.naturbad-mosigkau.jimdo.com | Anfahrt über die B 185 Richtung Köthen, hinter Ortsausgang Mosigkau links | Öffnungszeiten je nach aktueller Wetterlage 13–20 Uhr, Badesaison bis 15. Sept. | Tipp Am dritten Adventswochenende hat sich auf der gepflegten Anlage ein liebevoll gestalteter Weihnachtsmarkt etabliert. Unbedingt vorbeifahren, Schlittschuh laufen und danach bei einem Glühwein vom nächsten Sommer träumen.

# 18 Der Schlosspark Mosigkau

*Wer Gärten mag, wird Mosigkau lieben*

Der Park von Schloss Mosigkau ist im Sommer einer der schönsten Orte in Sachsen-Anhalt. Blumenbeete, die in den Farben des Sommers leuchten, an den Wegen aufgereihte exotische und zum Teil schon jahrhundertealte Kübelpflanzen. Ein Fischteich, auf dem Seerosen blühen, dazu ein Irrgarten, in dem man nicht verloren gehen, aber träumen kann. Jahrhunderte gehörte dieser wunderbare Platz nur ein paar hochadligen Fräulein.

Am 7. August 1779 unterzeichnete Anna Wilhelmine Prinzessin von Anhalt-Dessau nicht die Adoptionsurkunde für einen Vorfahren des verhaltensauffälligen Ehemanns von Zsa Zsa Gabor, sondern ihren letzten Willen. Danach sollte nach ihrem Tod das ganze Vermögen inklusive Schloss Mosigkau in ein Stift für unverheiratete hochadlige Damen umgewandelt werden.

Im Auftrag der Prinzessin war im Herzen des Dorfs Mosigkau ab 1752 ein prächtiges Rokokoschloss entstanden. Das Schloss war von Anfang an als reiner Frauenhaushalt konzipiert. Männliche Gäste durften nur im angrenzenden Pavillon nächtigen. Nach dem Tod von Anna Wilhelmine zogen 1780 die ersten hochadligen Fräulein ins Schloss Mosigkau ein. Schon im Alter von vier Jahren konnten Mädchen im Stift angemeldet werden. Es war eine Art lebenslange Altersversicherung für die heranwachsenden Frauen. Die Liebesheirat war noch nicht erfunden. Ehen wurden arrangiert und nur geschlossen, wenn die Braut eine gute Aussteuer mitbrachte. Fehlte dafür das Geld, ging's für die Fräulein, wenn sie Glück hatten, in das Stift Mosigkau.

Dort mussten sie eigentlich nur noch darauf achten, beim Seerosenpflücken nicht in den Teich zu plumpsen. Ja, das Leben eines hochadligen Fräuleins steckte voller Gefahren. Hatten sie eines Tages ihr aufregendes Leben beschlossen, wurden die Damen auf dem romantischen Stiftsfriedhof beigesetzt. Anna Maria von Lettow-Vorbeck fand dort 1968 als letzte Stiftsdame ihre Ruhestätte.

**Adresse** Knobelsdorffallee 2, 06847 Dessau-Roßlau-Mosigkau, www.gartenreich.de | **ÖPNV** von Köthen oder Dessau mit dem Nahverkehrszug, Haltestelle Bahnhof Mosigkau | **Anfahrt** A 9, Ausfahrt Dessau-Ost oder Dessau-Süd, weiter über B 185 Richtung Köthen | **Öffnungszeiten** April–Okt. 8–20 Uhr, Dez.–Feb. 10–16 Uhr, Nov.–März 9–17 Uhr | **Tipp** Eine Führung durch die Gemäldesammlung im Museum Schloss Mosigkau sollten Sie sich nicht entgehen lassen.

# 19 Das Stahlhaus

*Es kommt drauf an, was man draus macht*

Wem haben wir die DDR-Plattenbauten zu verdanken? Walter Ulbricht? Nein. Erich Honecker? Auch nicht. Lassen Sie bitte das Bild einer Platte vor Ihrem inneren Auge entstehen. So, jetzt kommen Sie drauf, es ist … Leonardo da Vinci. Natürlich, wer sonst?! Da Vinci entwickelte schon 1516 die Idee zum Bau von Häusern aus vorgefertigten Teilen. Der französische König wollte damals eine neue Stadt entstehen lassen. Leonardo da Vincis Pläne wurden nicht realisiert. Vielleicht, weil seine Stadt ausgesehen hätte wie Hoyerswerda-Neustadt, ich weiß es nicht.

Erst im 20. Jahrhundert erlebte die Idee der Fertigteilhäuser in Deutschland eine Wiedergeburt. Grund war die extreme Wohnungsknappheit nach dem Ersten Weltkrieg. Um dieses Problem zu lösen, musste der Wohnungsbau rationalisiert werden. Neben Plänen für Häuser aus herkömmlichem Material experimentierten die Bauhaus-Architekten auch mit ungewöhnlichen Baustoffen. Gropius errichtete in Stuttgart zum Beispiel ein Haus aus Asbestplatten. Georg Muche und Richard Paulick schufen 1926/27 in Dessau-Törten ein Haus, das ganz aus Stahl gebaut ist.

Von innen ist es hintermauert. Es gibt einen Wohnraum, drei Schlafräume, eine Wohnküche, ein Bad und eine Waschküche, einen Abstellraum und ein WC. Wenn man dazu noch die großen Fenster nimmt, klingt das wirklich super. Aber schon nach kurzer Zeit zeigten sich die Nachteile der Stahlbauweise: Im Sommer heizte die Sonne das Haus auf, im Winter wurde es nicht warm. Dazu fing die Konstruktion an zu rosten. Die Probleme waren so groß, dass es bei dem einen Haus aus Stahl in Deutschland blieb.

Trotz der baulichen Mängel stand das Haus nie leer. Erst Ende der 1980er Jahre verkauften die Eigentümer das Unikat an die Stiftung Bauhaus. Bedingung für den Verkauf war allerdings ein Umzug in eine komfortablere Wohnung. Die Familie zog in eine schöne Platte.

**Adresse** Südstraße 5, 06849 Dessau-Roßlau, www.bauhaus-dessau.de | **ÖPNV** Straßenbahn 1, Haltestelle Damaschkestraße / Südschwimmhalle | **Anfahrt** mit dem Pkw stadtauswärts über die Heidestraße, links in die Grenzstraße, dann wieder links | **Öffnungszeiten** Besichtigung im Rahmen einer Führung durch die Siedlung Dessau-Törten möglich, Infos und Termine siehe Webseite | **Tipp** Besuchen Sie auf jeden Fall das Bauhausmuseum.

# 20_Das Zyklon-B-Mahnmal

*Wir erinnern uns*

Dessau ist die Heimat des Bauhauses und des Dessau-Wörlitzer Gartenreichs. Zwei großartige, aber ganz unterschiedliche Denkmäler, die eins gemeinsam haben: den Titel »Weltkulturerbe«. Die UNESCO verleiht diesen Titel an Stätten, »die sich aufgrund ihrer Einzigartigkeit und ihrer Authentizität dafür qualifizieren«. Dessau ist ein weltweit anerkannter Ort der Kultur.

Dessau ist auch ein Ort des systematischen Massenmords an Abertausenden von Juden, Russen, Polen, Sinti und Roma, Homosexuellen und Andersdenkenden. Die »Dessauer Werke für Zucker- und Chemische Industrie«, von den Dessauern kurz »Fine« genannt, waren der Hauptproduzent von Zyklon B. In den Gaskammern von Auschwitz starben durch das Giftgas 900.000 Menschen. Zwei Drittel des Giftgases stammten aus Dessau.

Ursprünglich wurde Zyklon B zur Schädlingsbekämpfung entwickelt. Im Zweiten Weltkrieg nutzte man es vor allem im Kampf gegen die Kleiderlaus, den Überträger des Fleckfiebers. Dies sollte sich ändern, als SS-Hauptsturmführer Karl Fritzsch in Auschwitz erkannte, dass selbst ein skrupelloser Mörder wie er jeden Tag nur eine begrenzte Anzahl von Menschen erschlagen und erschießen kann. Im Spätsommer 1941 trieb er 600 sowjetische Kriegsgefangene und 250 polnische Häftlinge in einen Keller und ließ an ihnen das Schädlingsbekämpfungsmittel Zyklon B testen. Karl Fritzsch war mit dem Ergebnis zufrieden. Er hatte in nur einer Nacht 850 Menschen getötet. Er nannte sich seit diesem Tag den »Erfinder der Zyklon-B-Methode«. Nach dieser »Methode« sollten bis zur Befreiung von Auschwitz am 27. Januar 1945 noch viele Hunderttausende qualvoll ersticken.

Dessau ist heute auch ein Ort des Gedenkens. Auf der Brauereibrücke gestaltete die Designerin Sandra Scheer in Zusammenarbeit mit der Forschungsgruppe Zyklon-B diesen Mahnpunkt. Von dort sieht man direkt auf die ehemalige Produktionsstätte des Giftgases.

**Adresse** Brauereibrücke, Askanische Straße, 06844 Dessau-Roßlau | **Anfahrt** über die Askanische Straße Richtung Dessau-Roßlau-Alten, stadtauswärts am linken Brückengeländer

# 21 Flora- und Venustempel

*Echte Aufklärung*

Wenn Sie bei einem Spaziergang durch den Park die schönen Blüten am Floratempel bewundern, die da so hübsch in einem Beet in den Rasen wachsen, dann treten Sie doch bitte einen Schritt zurück. Und dann richten Sie Ihr Augenmerk auf die Form des Beetes. Schauen Sie es sich ganz genau an. Was erkennen Sie? Na? Genau, einen Penis, einen großen, erigierten Phallus.

Hier hat sich kein zeigefreudiger Gärtner einen Scherz erlaubt. Der Blütenphallus war von Anfang an Bestandteil des Landschaftspark-Konzepts. Der Floratempel wurde 1797/98 nach Plänen von Friedrich Wilhelm von Erdmannsdorff erbaut. Wie der ganze Park ist er inspiriert vom Geist der Aufklärung. Diese philosophische Geistesbewegung richtet sich in erster Linie an die Vernunft. Ein Teil ihrer Anhänger entwarf darüber hinaus ein Menschenbild, das in der Sexualität einen wesentlichen Antrieb für das menschliche Handeln sah. Ein Blick auf das Blumenbeet genügt, und Sie wissen, zu welchem Teil der Aufklärer der Begründer des Parks, Fürst Leopold III., gehörte.

Auch am Venustempel lässt sich eine interessante Entdeckung machen. Unterhalb des Tempels, überwachsen von saftigem Gras, können Sie eine ovale Öffnung im Fels ausmachen. Das ist kein Lüftungsschlitz, sondern soll das weibliche Gegenstück zum Blütenpenis, eine Vagina, darstellen – eine steinerne Vagina, die aussieht, als hätte sie Zähne. Das wirkt nicht sehr einladend. Ich überlasse es Ihrer Interpretation, was das über die Sexualität von Fürst Leopold III. aussagen könnte. Fest steht, dass dieser Mann ein bedeutender Reformer, ein aufklärerischer Freigeist und ein echter Menschenfreund war. Er regierte sein kleines, aber modernes Fürstentum nach dem Leitsatz: »Nützlich zu sein und Gutes zu stiften sind in meinen Augen unsere Schuldigkeit und die angenehmste Beschäftigung unseres Lebens.«

Ein schöner Leitsatz.

**Adresse** Wörlitzer Park, Erdmannsdorffstraße, 06876 Dessau-Wörlitz, www.woerlitz-information.de, www.gartenreich.com | **ÖPNV** mit der Dessau-Wörlitzer Eisenbahn ab Dessau Hbf., Haltestelle Bahnhof Wörlitz | **Anfahrt** A 9, Ausfahrt Vockerode | **Öffnungszeiten** Di–So 11–17 Uhr | **Tipp** Besonders zu empfehlen sind die Konzerte der Veranstaltungsreihe Gartenreichsommer, die jeden Sommer im Park oder im Schloss Wörlitz aufgeführt werden.

# 22 Die Synagoge

*Palim-Palim! Eine Flasche Zivilcourage, bitte!*

Es ist 23 Uhr am 10. November 1938 im Wörlitzer Park. Der Gartendirektor Hans Hallervorden bemerkt auf seinem Kontrollgang Licht in der kleinen Synagoge. In der Nacht davor haben Nazis die Dessauer Synagoge niedergebrannt. Alarmiert betritt der Direktor das Gebäude und entdeckt darin zwei finstere Gestalten. Sie haben Sägespäne im Raum verteilt. Diese Männer sind gekommen, um auch die Wörlitzer Synagoge niederzubrennen. Hans Hallervorden zögert nicht lange. Er stellt sich ihrer blinden Zerstörungswut entgegen, schubst sie von den vollen Benzinkanistern weg und vertreibt sie aus der Synagoge, aus »seinem« Park und rettet somit dieses Kulturdenkmal für die Nachwelt.

Den Bau der Synagoge verdanken wir einem anderen bedeutenden Mann, dem Begründer des einmaligen Landschaftsparks Wörlitz, dem Fürsten Leopold III. von Anhalt. Der aufgeklärte Regent ließ das Gebetshaus als Bestandteil seiner Gartenlandschaft 1789/90 nach Plänen von Friedrich Wilhelm von Erdmannsdorff errichten und überließ es der jüdischen Gemeinde. Erdmannsdorff nahm sich für seinen außergewöhnlichen Rundbau neuen Forschungen zufolge den Herkules-Tempel auf dem Forum Boarium in Rom zum Vorbild. Unter dem Hauptraum der Synagoge liegt ein Ritualbad, eine Mikwe. Religiöse Juden nutzen so ein Tauchbad zur rituellen Reinigung. Die Christen haben das Ritual übernommen, aus ihm hat sich die Taufe entwickelt.

Im Hauptraum der Synagoge liegt heute auf einem Stehpult ein aufgeschlagenes, dickes Gästebuch. Am 30. Mai 2008 hinterließ ein prominenter Besucher darin folgenden Eintrag: »Beeindruckend, in Wänden zu stehen, die ohne das mutige Eingreifen meines Großvaters so nicht mehr existieren würden. Der stolze Enkel Dieter Hallervorden«. In der Generation des Komikers Dieter Hallervorden gibt es nicht viele, die so stolz auf die Vergangenheit ihrer Großeltern sein können.

Adresse Wörlitzer Park, Erdmannsdorffstraße, 06876 Dessau-Wörlitz, www.gartenreich.de | ÖPNV mit der Dessau-Wörlitzer Eisenbahn ab Dessau Hbf., Haltestelle Bahnhof Wörlitz | Anfahrt A 9, Ausfahrt Vockerode | Öffnungszeiten 2. Mai – Okt. Di – So 12 – 16 Uhr | Tipp Bei einer Gondelfahrt den Park vom Wasser aus zu erleben, das macht nicht nur Verliebten Spaß.

# 23 Das Hammerbachtal

*Naturkunde mit allen Sinnen*

Kommen wir zur 64.000-Euro-Frage: Wie pupst ein Biber? Ziemlich laut, und das sechs Sekunden lang. Jedenfalls auf der Aufnahme von Birgit Rabe, die den akustischen Höhepunkt ihrer geführten Bibertour durch das Hammerbachtal darstellt. Ich weiß nicht, was genau die Naturparkführerin angestellt hat, um dieses Geräusch für die Nachwelt zu konservieren, aber ich kann Ihnen sagen, dass sich eine Wanderung mit ihr auf den Spuren der Biber absolut lohnt.

Das Hammerbachtal liegt in der Dübener Heide, der eindrucksvollen Endmoränenlandschaft zwischen Elbe und Mulde im Osten von Sachsen-Anhalt. Gesäumt von uralten Buchen schlängelt sich hier der Hammerbach durch das romantische Tal. Diesen Ort haben sich die Biber als Zuhause ausgewählt, das spricht für ihren guten Geschmack. Dass die Nager auch einen ordentlichen Appetit haben, lässt sich überall an den abgenagten Trieben der Sträucher und Bäume erkennen. Ich muss zugeben, ich wäre an den Spuren der Biber einfach vorbeigelaufen, wenn mich Frau Rabe nicht darauf aufmerksam gemacht hätte. Was aber jedem ins Auge fällt, sind die umgefallenen Bäume. Bei näherer Betrachtung erkennt man schnell, dass sie nicht vom Wind, sondern von den scharfen Zähnen der Biber abgeholzt wurden.

Die Biber, die ausgewachsen bis zu 30 Kilogramm wiegen, ernähren sich rein vegetarisch und gestalten ihre Landschaft aktiv. Diese Umgestaltung war unseren Vorfahren ein Dorn im Auge. Der Biber wurde vertrieben oder gejagt.

Papst Julius III. ernannte den Nager Mitte des 16. Jahrhunderts kurzerhand zum Wassertier, um die strengen Fastengesetze zu umgehen. Das machte den Biber zum Fisch, den die Christen auch in der Fastenzeit essen durften. Neben dem Fleisch war sein Fell sehr begehrt. Frau Rabe hat bei ihren Führungen immer eins dabei. Streicheln Sie mal darüber, dann verstehen Sie, warum die Leute dem Biber ans Fell wollten.

**Adresse** Start: Parkplatz an der Köhlerei Eisenhammer, 06772 Gräfenhainichen, an der B 2 zwischen Bad Düben und Kemberg | **Anfahrt** über die B 2 von Bad Düben oder Kemberg | **Öffnungszeiten** März–Okt. (danach halten die Tiere Winterruhe) | **Tipp** Wer nicht unter Platzangst leidet, der sollte einen Abstecher in den Atombunker Kossa in Laußig machen (Dahlenberger Straße 1).

# 24 Die Doppelkapelle

*Ein Ludwig kommt selten allein*

Um das Jahr 1090 gründete der Thüringer Graf Ludwig der Springer die Burg Neuenburg. Seinen Beinamen verdankte er seiner Flucht von der Burg Giebichenstein in Halle, bei der er angeblich vom Burgturm direkt in die weit unten fließende Saale sprang (siehe Ort 34). Vielleicht sprang er generell gern aus großer Höhe in Flüsse und das brachte ihn dazu, sich oberhalb der Unstrut niederzulassen. Vielleicht war es auch nur die sensationelle Aussicht auf das Unstruttal, weshalb er seine Burg dort errichten ließ. So oder so, wir können ihm dankbar sein, denn auch fast 1.000 Jahre später fasziniert die Neuenburg ihre Besucher.

Das Geschlecht der Ludowinger, benannt nach dem Stammvater Ludwig dem Bärtigen, wurde eines der mächtigsten des Reiches. Die Neuenburg wuchs, und Ludwig III., genannt der Fromme, ließ um 1180 die berühmte Doppelkapelle einbauen. In dem Bauwerk mit zwei übereinander angeordneten Kapellen nutzten die Landgrafen das Obergeschoss als privaten Andachtsraum. Im Untergeschoss versammelten sich Gäste und Bedienstete zum Gottesdienst. In der Neuenburg besteht eine Raumverbindung zwischen beiden Kapellen. Je nachdem, wo man steht, gibt es eine Öffnung in der Decke oder im Fußboden. So konnte man der Andacht optisch und akustisch folgen, ohne im selben Raum zu sein. Doppelkapellen waren ein typisches Merkmal der Romanik. Mit dem Ende dieser Epoche verschwand die Idee der Doppelkapelle, und auch die Ludowinger starben aus.

Bis dahin hatten sie wichtige Persönlichkeiten der Geschichte hervorgebracht. Der letzte Ludowinger, Heinrich IV., schaffte es sogar zum König, blieb aber ohne Söhne. Nach seinem Tod 1247 übernahmen die Wettiner die Burg mit ihrer Doppelkapelle.

Burg Neuenburg sollte nie wieder so bedeutend werden. So blieb sie von großen Verwüstungen verschont und präsentiert sich noch heute in herrschaftlicher Erhabenheit hoch über Freyburg.

111 Dinge über Katzen die man wissen muss
111 Dinge über Affen die man wissen muss
111 Schweizer Weine die man getrunken haben muss
111 Amphibien die täglich unsere Welt verbessern
emons:
Entdecken fängt zu Hause an
111 Gins die man getrunken haben muss
111 Cocktails die man getrunken haben muss
111 Deutsche Biere die man getrunken haben muss
111 Whiskys die man getrunken haben muss
111 Deutsche Weine die man getrunken haben muss
111 Biere aus Altbayern und Bayerisch-Schwaben die man getrunken haben muss

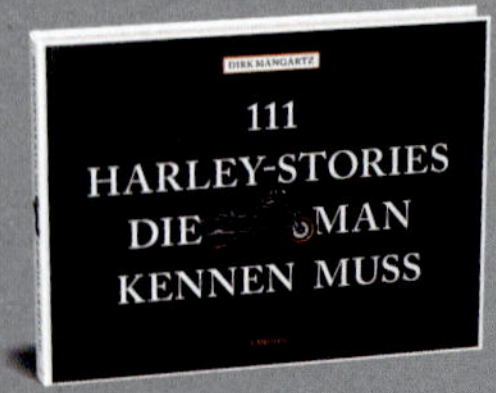


ISBN 978-3-7408-0939-3
€ D 25,00/€ A 25,70

ISBN 978-3-7408-0680-4
€ D 25,00/€ A 25,70

# 111 MAL ON THE ROAD

ISBN 978-3-95451-912-5
€ D 25,00/€ A 25,70

ISBN 978-3-7408-1442-7
€ D 30,00/€ A 30,90

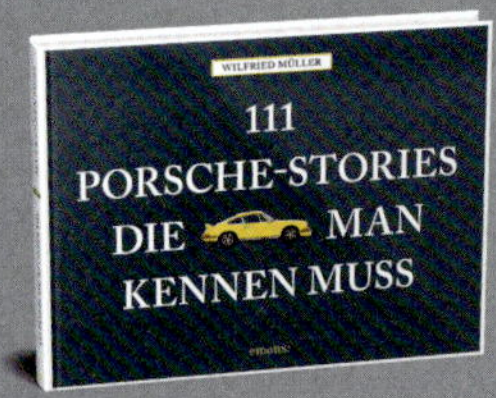


ISBN 978-3-95451-912-5
€ D 25,00/€ A 25,70

ISBN 978-3-7408-0938-6
€ D 25,00/€ A 25,70

**Adresse** Schloss Neuenburg, Schloss 1, 06632 Freyburg (Unstrut), www.schloss-neuenburg.de/doppelkapelle | **ÖPNV** mit der Burgenlandbahn von Naumburg bis Freyburg Hbf. | **Anfahrt** A 9, A 4 oder A 38, Ausfahrt Eisleben, dann über die B 180 oder die B 176 | **Öffnungszeiten** April–Okt. 10–18 Uhr; Nov.–März 10–17 Uhr | **Tipp** Setzen Sie sich auf eine Bank und genießen Sie die sensationelle Aussicht auf Freyburg und das Unstruttal.

# 25 Die Erinnerungsturnhalle

*Frisch, fromm, fröhlich, frei*

Am 10. Juni 1894 trafen sich in Freyburg mehr als 3.000 Turner aus Deutschland und Österreich zur Einweihung der Friedrich-Ludwig-Jahn-Erinnerungsturnhalle. Die Ehrenhalle sollte zwei Zielen dienen: der Wertschätzung des deutschen Turnens und natürlich dem ehrenden Gedenken an den »Turnvater« Friedrich Ludwig Jahn. Der war 1852 in Freyburg gestorben und an der Stirnseite der Erinnerungshalle, die damals noch eine einfache Turnhalle war, beigesetzt worden.

Die Idee einer turnenden Jugend kam ihm nicht beim Anblick übergewichtiger Kinder in einem Fast-Food-Lokal. Friedrich Ludwig Jahn lebte im von Napoleon besetzten Preußen. Er wollte die Jugend für den Kampf gegen Frankreich trainieren. Jahn träumte von einem befreiten und vereinten Deutschen Reich. Seine Turnbewegung war von Anfang an eine politische Nationalbewegung. Zu seiner großen Enttäuschung blieb Deutschland auch nach dem Sieg über Napoleon eine Ansammlung von Kleinstaaten.

Ab 1817 hielt Jahn eine Vortragsreihe zum deutschen Volkstum. Mit seiner radikalen Position machte er sich etliche Feinde, gewann aber auch viele Anhänger. Einer von ihnen ermordete den Schriftsteller und Satiriker August von Kotzebue. Das Turnen wurde daraufhin in Preußen verboten und Jahn am 13. Juli 1819 verhaftet. Nach der fünfjährigen Haft durfte er sich unter Polizeiaufsicht in Freyburg niederlassen.

1840 wurde Friedrich Ludwig Jahn vollständig rehabilitiert, zwei Jahre später das Verbot des Turnens in Preußen aufgehoben. Nicht nur das, per allerhöchster Kabinettsorder galt das Turnen nun »an allen öffentlichen Lehranstalten als notwendiger und unerlässlicher Bestandteil der männlichen Erziehung«. Turnen dürfen heute auch die Frauen, und in Freyburg können sie das gemeinsam mit den Männern in einer der ältesten Turnhallen Deutschlands, in der Friedrich-Ludwig-Jahn-Erinnerungsturnhalle.

**Adresse** Großmannstraße / Ecke Jahnstraße, 06632 Freyburg (Unstrut), www.jahn-museum.de | **ÖPNV** mit der Regionalbahn bis Bahnhof Freyburg | **Anfahrt** über die B 180 von Naumburg nach Freyburg | **Öffnungszeiten** nur nach Rücksprache unter Tel. 034464/27260 | **Tipp** Mehr über den Turnvati erfahren Sie im Friedrich-Ludwig-Jahn-Museum in der Schloßstraße 11.

# 26 Die Sektkellerei

*Rotkäppchen für Erwachsene*

1856 produziert das Weinland Frankreich 6,5 Millionen Flaschen Champagner. Zwei Drittel des prickelnden Vergnügens gehen ins Ausland, nicht wenige davon werden in Deutschland getrunken. Die Brüder Kloss gründen im selben Jahr in Freyburg an der Unstrut mit Carl Foerster einen Weinhandel. Vielleicht läuft das Geschäft so gut, dass sie darauf mit französischem Champagner anstoßen. Und vielleicht fragen sie sich in diesem Moment, warum sie den Schaumwein nicht auch selbst herstellen. Fakt ist, sie gründen noch im selben Jahr die Sektkellerei Kloss & Foerster. 1870 verlassen bereits 120.000 Flaschen Sekt das Freyburger Werk.

Der Erfolg macht die Konkurrenz aus Frankreich aufmerksam. Die Freyburger verwenden für ihren Sekt die französische Bezeichnung »Monopol«. Nach einem Prozess darf nur noch der Originalchampagner diesen Namen tragen. Das Freyburger Pendant wird mit einer roten Kappe verkauft. Kloss & Foerster nennen ihr Produkt kurzerhand »Rotkäppchen«.

Die Sektsteuer zur Finanzierung der deutschen Kriegsflotte bringt die Sektkellerei im Ersten Weltkrieg in große Schwierigkeiten. Erst in den 1930er Jahren steigt die Produktion wieder an. Doch 1945 ist im Osten Schluss mit der Privatwirtschaft. In der DDR wird die Sektkellerei zum »volkseigenen« Musterbetrieb und, salopp formuliert, Rotkäppchensekt zur Partybrause der Roten. Die cleveren Mitarbeiter verbessern unter den schwierigen Bedingungen der Planwirtschaft ständig die Qualität. Sie sind auch nach 1989 das eigentliche Kapital. Als um sie herum fast alle Ostbetriebe von der Landkarte verschwinden, behalten sie einen kühlen Kopf, treffen die richtigen Entscheidungen und bringen »Rotkäppchen« in die Regale zurück. 1993 übernimmt die »alte« Leitung des Betriebs mutig die Firma. Sie starten eine ostdeutsche Erfolgsgeschichte. »Rotkäppchen« ist heute der meistgetrunkene Sekt in Deutschland.

**Adresse** Sektkellereistraße 5, 06632 Freyburg (Unstrut), www.rotkaeppchen.de | **ÖPNV** Regionalbahn bis Bahnhof Freyburg | **Anfahrt** von Naumburg über die B 180 | **Öffnungszeiten** Führungen Mo–Fr 11 und 14 Uhr, Sa, So 11, 12.30, 14 und 15.30 Uhr, Sektshop 10–18 Uhr | **Tipp** Es finden regelmäßig öffentliche Konzerte und andere Kulturveranstaltungen im einzigartigen Lichthof statt.

# 27 Isenschnibbe

*Nur Befehle befolgt?*

Am 14. April 1945 wurde die Stadt Gardelegen den amerikanischen Truppen kampflos übergeben. Versprengte Wehrmachtssoldaten, der Volkssturm, die Bürger von Gardelegen, sie alle hatten genug von Krieg, Zerstörung und Tod, jedenfalls am 14. April. In der Nacht davor hatten sie sich noch einem wahren Mordrausch hingegeben.

In den letzten Kriegswochen wurden Konzentrationslager wegen der heranrückenden Front geschlossen. Die verbliebenen Häftlinge wurden von den Wachmannschaften auf Gewaltmärschen durch das Land getrieben. Ohne Verpflegung, ohne Wasser, ohne Rast. In den Tagen vor dem 13. April waren einige dieser Todesmärsche aus verschiedenen Konzentrationslagern in Gardelegen gestrandet. Über 1.000 KZ-Häftlinge saßen in Gardelegen fest. Diese Menschen waren Kriegsgefangene, politische Gegner oder gehörten einfach der falschen Religion an. Sie hatten die Zwangsarbeit, den Hunger, medizinische Experimente und die Brutalität ihrer Bewacher überstanden. Nun hörten sie den Geschützdonner der Amerikaner und schöpften zum ersten Mal seit langer Zeit wieder Hoffnung.

Da hatten der NSDAP-Kreisleiter von Gardelegen, Gerhard Thiele, und seine Parteigenossen schon ihre Ermordung beschlossen. Die Häftlinge wurden am 13. April in die große steinerne Scheune von Isenschnibbe getrieben. Zuvor war das Heu in der Scheune mit Benzin getränkt worden. Bis auf ein Tor wurden alle Ausgänge geschlossen, und die Scheune wurde in Brand gesetzt. NSDAP- und SA-Männer, Mitglieder der SS, Soldaten, Polizeikräfte, Volkssturmmänner, Männer vom Technischen Notdienst und Halbwüchsige aus der Hitlerjugend bildeten einen Ring um die Scheune. Feuerwehrmänner warfen Brandgranaten hinein. 16-Jährige schossen auf jeden, der aus der Feuerhölle fliehen wollte. 1.016 Menschen starben qualvoll in dieser Nacht.

Am Morgen übergaben die Mörder Gardelegen an die amerikanische Armee.

**Adresse** Mahn- und Gedenkstätte Isenschnibbe, 39638 Gardelegen, www.gedenkstaette-gardelegen.sachsen-anhalt.de | **Anfahrt** circa 2 Kilometer über die B 188/B 71 Richtung Stendal | **Öffnungszeiten** Gedenkstätte jederzeit zugänglich

# 28 Die Wanderdüne

*Ein Gruß aus der Eiszeit*

Gommern liegt ungefähr 250 Kilometer vom Meer entfernt. Bis zur nächsten Wüste sind es sogar fast 4.000 Kilometer. Also was erwartet man am wenigsten in Gommern? Eine Düne, eine richtig große Sanddüne. Der sogenannte »Fuchsberg« von Gommern ist die letzte Düne eines ganzen Dünenzuges in der Region. Sie entstand in der Weichseleiszeit. Der Experte weiß sofort, dass die Weichseleiszeit vor circa 115.000 Jahren begann und vor etwa 10.000 Jahren endete. Geologisch betrachtet also gestern. In dieser Zeit befand sich fast das ganze Territorium des heutigen Deutschlands unter einem dicken Eispanzer. Als die Temperaturen wieder stiegen, schmolz das Eis, und es bildeten sich riesige Schmelzwasserseen. Die meisten trockneten wieder aus. Sand, der vorher im Wasser gebunden war, lag herum und wartete nur darauf, von einem lauen Lüftchen durch die Gegend getragen zu werden. Und wo ließ er sich dann nieder? In der Region um Gommern. So bildete sich die schöne Wanderdüne Fuchsberg. Wanderdüne deshalb, weil sich ihr Sand immer wieder vom Wind bewegen ließ, die Düne somit »wanderte«.

Die Düne in Gommern war ursprünglich 70 Meter hoch. Heute erhebt sie sich immer noch 20 Meter über den Kulker See. Die verschwundenen 50 Höhenmeter wurden nach dem Ende des Zweiten Weltkriegs größtenteils im nahezu völlig zerstörten Magdeburg verbaut. Manch einer wird jetzt vielleicht sagen: »Na, dann hätten sie ja auch was Schönes aus dem Eiszeitsand bauen können.« Aber Leute, die so was denken, sollen doch einfach die Elbe hoch nach Hamburg fahren.

Um Strandfeeling zu erleben, müssen die Menschen aus Gommern nicht verreisen. Sie können einfach zur Düne gehen, die Schuhe ausziehen und den feinsten Sand nördlich der Sahara durch die Zehen rieseln lassen. Ein Vergnügen, das ich jedem empfehle. Pack die Badehose ein, nimm dein kleines Schwesterlein, und dann nüscht wie raus … nach Gommern!

Adresse Salzstraße 49, 39245 Gommern | Anfahrt über die 246a | Tipp Gesteinsfreunde kommen im nahen Gesteinsgarten auf ihre Kosten.

# 29 Das Sonnenobservatorium

*Die ersten Sternengucker Europas*

75 Meter im Durchmesser, Holzpalisaden rundherum – der Anblick des Gosecker Sonnenobservatoriums beeindruckt. Auch die Menschen vor 7.000 Jahren dürften davon fasziniert gewesen sein. Diese Wirkung war geplant und genau so gewollt. Anlagen dieser Art waren Kultstätten und lagen weithin sichtbar in der offenen Landschaft. Auch das Sonnenobservatorium Goseck war Schauplatz kultischer Veranstaltungen und Ort astronomischer Beobachtungen.

Die Menschen der Jungsteinzeit waren die ersten Bauern in der Geschichte der Menschheit. Sie beobachteten den Himmel und den Lauf der Sonne. Das Sonnenobservatorium war auch so was wie der erste Bauernkalender. Von der Mitte der Anlage aus gesehen markiert das Südosttor exakt den Punkt des Sonnenaufgangs zur Wintersonnenwende am 21. Dezember zu Beginn des 5. Jahrtausends vor Christus. Der Sonnenuntergang war am selben Tag durch das Südwesttor zu beobachten. Für die Menschen, die sich dazu versammelt hatten, müssen es magische Momente gewesen sein.

Die Erbauer der Jungsteinzeit hatten keinen Computer, und sie stellten, soweit wir heute wissen, noch nicht einmal schriftliche Rechnungen an. Trotzdem ist das Observatorium ein exaktes Instrument, ein sehr genauer Kalender. Wer den Jahreszyklus voraussagen kann, weiß auch, wann das Feld bestellt und die Ernte eingefahren werden muss. Vielleicht machten solche Sonnenobservatorien das Sesshaftwerden der Menschen erst möglich.

Die Anlage und die bei weiteren Ausgrabungen gemachten Funde öffnen das Tor in eine Epoche, über die es keine Aufzeichnungen gibt. Knochen und Keramikscheiben sind Puzzleteile einer vergangenen Kultur. Im Schloss Goseck werden sie in einer Dauerausstellung zu einem möglichen Bild zusammengefügt. Anschaulich und spannend wird aus dem Leben der ersten Sternengucker vor 7.000 Jahren erzählt.

**Adresse** Burgstraße 53, 06667 Goseck, www.sonnenobservatorium-goseck.info | **Anfahrt** von Weißenfels über die L 206 und die L 205 | **Öffnungszeiten** Führungen: April–Okt. So und Feiertage 14.30 und 15.15 Uhr; Informationszentrum im Schloss: April–Okt. täglich 11–17 Uhr (letzter Einlass 16.30 Uhr) | **Tipp** Wenn Sie noch mehr Informationen haben möchten, sollten Sie den Infopoint im Schloss Goseck besuchen.

# 30 Die Stadt aus Eisen

*Spektakulär und einmalig*

Sie sind Riesen aus Stahl, gewaltig und auf eine angsterregende Art schön. Mächtig ragen die gewaltigen Bagger in den Himmel, so als wären sie sich ihrer Ausstrahlung und Kraft vollkommen bewusst. Vor nicht allzu langer Zeit gruben sie die Landschaft mit ihren großen Schaufeln nach Braunkohle um, heute thronen sie als beeindruckende Industriedenkmäler auf einer Insel im See.

Der Braunkohletagebau hat in Mitteldeutschland eine Tradition, die bis ins 17. Jahrhundert zurückreicht. In der DDR waren zuletzt 60.000 Bergleute im Braunkohleabbau beschäftigt. Und die förderten 100 Millionen Tonnen Kohle im Jahr aus den 20 Tagebaustätten. Eine davon war der Tagebau Golpa Nord. Der war 1991 – wie die meisten Tagebaue der Region – am Ende. Zurück blieben ein riesiges Abraumloch und Bagger so groß wie Burgen. Was tun? Wohin mit den stählernen Ungetümen? Eine Idee aus dem Bauhaus Dessau brachte die Lösung: die Dinosaurier des Industriezeitalters nicht verschrotten, sondern zu Kunst umgestalten. »Ferropolis« war geboren, die Stadt aus Eisen.

Das Abraumloch wurde geflutet. Es ist heute ein See, der Gremminer See. Seinen Namen verdankt er dem Dorf Gremmin, das einst den Baggern weichen musste. Ferropolis ist Museum, Industriedenkmal, Stahlskulptur und Ort eindrucksvoller Festivals und Veranstaltungen. Hip-Hop, Electronic, Rock und Klassik, egal, welche Stilrichtung, namhafte Künstler aus der ganzen Welt wollen in Ferropolis vor dieser beeindruckenden Kulisse musizieren. Bands wie »Metallica« und »Die Ärzte« ziehen überall die Massen an. Aber mit ein paar tausend Tonnen Stahl im Rücken, die wie Roboterdrachen in den Nachthimmel leuchten, bekommt jeder Song erst richtig Gewicht.

Kommen Sie für einen Tag und eine Nacht nach Ferropolis. Erkunden Sie die Bagger bei Licht, erleben Sie Industriegeschichte zum Anfassen und klettern Sie darauf rum.

**Adresse** Ferropolisstraße 1, 06773 Gräfenhainichen, www.ferropolis.de | **Anfahrt** auf der B 107 von Dessau über Oranienbaum Richtung Gräfenhainichen, dann Zufahrt zu Ferropolis | **Öffnungszeiten** 1. Nov. – 31. März täglich 10 – 17 Uhr bzw. bis zum Einbruch der Dunkelheit, 1. April – 31. Okt. Mo – Fr 10 – 18 Uhr, Sa, So und Feiertage bis 19 Uhr; Jan. und Feb. Führungen nur auf Anfrage | **Tipp** Besuchen Sie das Industriedenkmal Kraftwerk Zschornewitz in Gräfenhainichen und sehen Sie, wo die geförderte Kohle in Energie umgewandelt wurde.

# 31 Das John-Cage-Projekt

*So langsam wie möglich*

Wer den Hof des ehemaligen Zisterzienserinnenklosters betritt, wird einen tiefen Pfeifton hören. Keine Sorge, Sie haben keinen Tinnitus, der Ton kommt aus der Kirche St. Burchardi. Seit dem 5. September 2001 läuft in diesem einstigen Gotteshaus das wohl einmaligste Projekt der Musikgeschichte: ein Orgelkonzert, das bereits 639 Jahre andauert. Arbeitslose Organisten brauchen sich nicht zu bewerben, die Orgel wird von einem automatischen Blasebalg gespeist. Gespielt wird das Konzert »As slow as possible« – hier ist der Name Programm – des amerikanischen Komponisten John Cage. Dafür wurde eine Orgel errichtet, die derjenigen nachempfunden ist, die 1361, also genau 639 Jahre vor der letzten Jahrtausendwende, in Halberstadt gebaut wurde. Sie war die erste Großorgel der Welt und ist der Grund, warum Halberstadt heute der Schauplatz dieses Langzeitprojektes ist.

Elf Klangwechsel gab es in den Jahren seiner Aufführung »schon«. Den ersten verfolgte eine Handvoll Zuschauer, beim letzten Klangwechsel waren mehr als 800 Beobachter Zeugen. Die St.-Burchardi-Kirche ist über 1.000 Jahre alt. Anfang des 19. Jahrhunderts wurde sie säkularisiert. In den folgenden 180 Jahren nutzte man den Raum als Schnapsbrennerei, Scheune und Schweinezuchtanlage.

Heute ist die Kirche bis auf die Orgel leer. Ein riesiger Raum, in dem sich ein oder zwei sonore Dauertöne ausbreiten und sonst nichts. Ist das nicht total durchgeknallt? Absolut! Und es ist genial. Das Konzert ist ein Gruß an die Zukunft, von der kein Mensch weiß, wie sie aussehen wird. Die Töne reisen durch die Zeit und bilden so ein Band zwischen Menschen, die noch nicht einmal geboren sind.

Auch Sie können Teil dieses Abenteuers sein. Spenden Sie ein Klangjahr und seien Sie dabei, wenn in 300 Jahren Ihr Ton erklingt. Da haben Sie schon was vor? Dann sagen Sie Ihren Nachfahren Bescheid!

**Adresse** St.-Burchardi-Kirche, Am Kloster 1, 38820 Halberstadt, https://universes.art/de/specials | **ÖPNV** Straßenbahn 2, Haltestelle Sargstedter Weg | **Anfahrt** von Magdeburg über die B 81 nach Halberstadt | **Öffnungszeiten** Di–So 11–17 Uhr | **Tipp** Es lohnt sich ein Besuch im Halberstädter Dom mit seinem beispiellosen Domschatz.

# 32 Das Beatles-Museum

*All you need is love*

Wie kommt das Beatles-Museum nach Halle? Warum steht es nicht in Hamburg, wo sie sich als unbekannte Band auf der Reeperbahn die Finger wund spielten? Oder in München oder Essen? Den beiden einzigen deutschen Städten, in denen die Beatles neben Hamburg noch spielten? Das Beatles-Museum steht in Halle, weil die Beatles eben doch noch in einer weiteren deutschen Stadt waren. Und das mehr als einmal. Nur weiß das keiner.

1965 werden die Beatles von ihrer Königin zu Rittern geschlagen und erhalten – und jetzt kommt's – die Schlüssel für die erste Plattenwohnung in Halle-Neustadt. 1966 geben die Beatles angeblich ihre letzten Bühnenkonzerte. Tatsächlich sind sie als Begleitband bei Frank Schöbels sensationell erfolgreicher »Schau lieber weg«-Tournee durch den Bezirk Halle unterwegs. Als alle Welt die vier großen Musiker 1967 in Indien vermutet, wo sie Gerüchten zufolge die transzendentale Meditation für sich entdecken, geben sie als »Oktoberklub« ein legendäres Konzert in Halle. Sie singen »Sag mir, wo du stehst« und stehen dabei selbst vor dem Denkmal des Kleinen Trompeters.

Die Beatles trennen sich 1970. George Harrison beginnt enttäuscht bei »Musik Erber« in Dessau eine Lehre als Verkäufer. Paul McCartney und John Lennon treten als Monika Hauf und Klaus Dieter Henkler immer wieder auch in Halle auf. Und Ringo Starr zieht sich in seine Wohnung nach Halle-Neustadt zurück und bestreitet bis 1985 unter dem Namen Dieter Strotzniak 245 Spiele für den HFC Chemie in der DDR-Fußball-Oberliga.

Noch heute sind die lebenden Beatles fest mit Halle verbunden. Paul McCartney kann man regelmäßig im Beatles-Museum treffen. Immer dienstags und donnerstags an der Kasse. Glauben Sie nicht? Sie halten den ganzen Text für Blödsinn? Dann gehen Sie doch mal persönlich hin. Auf drei Etagen erfahren Sie die ganze Wahrheit über die Beatles.

Adresse Alter Markt 12, 06108 Halle (Saale), www.beatlesmuseum.net | ÖPNV Straßenbahn 1, 3, 7, 8, 9, Haltestelle Franckeplatz | Anfahrt A 14, Ausfahrt Halle-Trotha, rechts auf die B 6 | Öffnungszeiten Di–So 10–18 Uhr, nach Absprache auch länger | Tipp Sie stehen auf noch ältere Klassiker? Dann finden Sie auf dem Marktplatz das berühmte Händel-Denkmal.

# 33 Die Bergschenke

*Der Himmel über Halle*

Ein Abend im Sommer. Das Pflaster strahlt noch die Hitze des Tages ab. Sie sind erschöpft von Ihrem umfangreichen Besichtigungsprogramm in Halle und brauchen jetzt nur noch eins, ein eiskaltes Bier, aber nicht irgendwo, sondern irgendwo, wo es besonders ist, besonders schön. Und jetzt stehen Sie am Ende Ihres eindrucksvollen, aber anstrengenden Tages am Fuße einer Treppe, deren Ende Sie nicht sehen können, und denken: »Nö, ich kann nicht mehr.« Gehen Sie trotzdem hoch! Erklimmen Sie diese Treppe! Es lohnt sich, denn nach der letzten Stufe landen Sie in der Bergschenke Halle Kröllwitz.

Die thront, wie der Name schon vermuten lässt, auf einem Berg, dem Porphyrfelsen. Die Mitarbeiter der Bergschenke sind freundlich und schnell, die angebotenen Speisen lecker. Man kann mit Fug und Recht sagen, dass der Service gut ist. Doch das ist anderswo in Halle sicher auch der Fall. Das Besondere der Bergschenke ist die sensationelle Aussicht von der Terrasse. Natürlich können Sie sich auch in den hübschen »Kleinen Salon« setzen, aber das wäre so, als würden Sie die Einladung einer Frau zum Kaffee ausschlagen, um mit Ihren Kumpels noch einen trinken zu gehen – vorausgesetzt, Sie sind ein Mann. Kann man machen, klar, aber so werden Sie das Beste verpassen.

Wenn Sie sich auf die Zehenspitzen stellen, können Sie von der Terrasse bis zur Quelle der Saale im Fichtelgebirge gucken. Jedenfalls fast. Ganz sicher können Sie auf die gegenüberliegende Burg Giebichenstein schauen. Oder Sie winken den Ausflugsschiffen und verfolgen den Verkehr auf der Kröllwitzer Brücke, ohne von seinem Lärm belästigt zu werden. Auf der Terrasse der Bergschenke können Sie, wie man so schön sagt, den lieben Gott einen guten Mann sein lassen.

1799 zerstörte ein Hochwasser die alte Schenke am Saale-Ufer. Ihre Nachfolgerin wurde auf dem Berg eröffnet. Eine wirklich gute Entscheidung, bis heute.

**Adresse** Kröllwitzer Straße 45, 06120 Halle (Saale), www.bergschenke-halle.com | **ÖPNV** Straßenbahn 7, Haltestelle Talstraße | **Anfahrt** über die A 14 bis Halle-Trotha, dann rechts auf die B 6 | **Öffnungszeiten** Mi–Fr 16–22 Uhr, Sa 12–22 Uhr, So und Feiertage 12–21 Uhr | **Tipp** Erst lecker essen und dann einen Verdauungsspaziergang am malerischen Saale-Ufer machen. Ist auch umgedreht sehr schön.

# 34 Die Burg Giebichenstein

*Der Klippenspringer von Halle*

Wer die Burg Giebichenstein besucht, betritt wahrhaft historisches Gelände. Schon im Jahre 961 wurde die gleichnamige Burg in einer Urkunde von König Otto I. erwähnt. Von dieser Burg aus sollte das von den Slawen eroberte Land seiner feudalen Ordnung unterworfen werden. Das war durchaus ein gesellschaftlicher Fortschritt. Überhaupt war das Mittelalter alles andere als finster, auch auf der Burg Giebichenstein.

Die erste Burg war eine repräsentative und sehr komfortable Anlage. Das förderten Ausgrabungen in den 1960er Jahren zutage. Sichtbar wurden dabei die Fundamente der ersten Burg, auf denen im 12. Jahrhundert ein Neubau errichtet worden war. Dieser zweite Bau wurde im Dreißigjährigen Krieg zerstört.

Zu Beginn des 19. Jahrhunderts besaß die verfallene Burg auf dem Felsen an der Saale eine magische Anziehungskraft für die Dichter der Romantik. Die Burg Giebichenstein ist auch Ort der bekannten Sage von Ludwig dem Springer. Der Thüringer Landgraf soll im Gefängnis dieser Burg eingekerkert gewesen sein, denn er hatte ein Verbrechen aus Leidenschaft begangen. Ludwig hatte sich in Adelheid, die Gemahlin des Pfalzgrafen Friedrich von Sachsen, verliebt. Freiwillig gab der seine Frau aber nicht her. Ludwig wartete, bis er mit dem Pfalzgrafen zu einer Jagd ausritt. Dabei tötete er den Nebenbuhler.

Die Dichter der Romantik fanden sicher Gefallen an dieser tragischen Liebesgeschichte. Ludwigs Zeitgenossen jedoch verurteilten ihn zur Kerkerhaft auf Burg Giebichenstein. Aber wie sagte schon Shakespeares Romeo: »Kein steinern Bollwerk kann der Liebe wehren!« Ludwig floh durch einen beherzten Sprung in die Saale. Er heiratete seine Adelheid und lebte mit ihr glücklich und zufrieden bis ans Ende seiner Tage.

Ein Blick vom hohen Felsen in die Saale genügt, und Sie verstehen, warum Historiker diese Flucht für eine Legende halten.

**Adresse** Seebener Straße 1, 06114 Halle (Saale) | **ÖPNV** Straßenbahn 7, 8, Haltestelle Burg Giebichenstein | **Anfahrt** über die A 14 bis Halle-Trotha, dann rechts auf die B 6 | **Öffnungszeiten** April täglich 10–18 Uhr, Mai–Okt. täglich 10–20 Uhr | **Tipp** Ganz in der Nähe liegt der Zoologische Garten, der Sie mit seiner Lage rund um einen Berg überrascht.

# 35 Die Gedenkstätte »Roter Ochse« 1933–1945

*Ein schrecklich wichtiger Ort*

Krystyna Wituska, Johann Hoops, Hildegard Trusch. Das sind 3 von 549 zum Tode verurteilten Menschen, die zwischen 1942 und 1945 im Zuchthaus »Roter Ochse« enthauptet wurden. Krystyna Wituska war eine polnische Widerstandskämpferin. Der 20-jährige Soldat Johann Hoops begehrte mit Kameraden gegen den Wahnsinn des Russlandfeldzugs auf. Hildegard Trusch wurde direkt nach einem Bombenangriff von einem Sondergericht verurteilt. Die Schwangere hatte sich aus einem getroffenen Haus ein paar Haushaltsgegenstände angeeignet. Laut »Vollstreckungsvorschrift« der NS-Justiz durften Schwangere nicht exekutiert werden, weshalb der zuständige Staatsanwalt eine Abtreibung erwog. »Da«, so der Staatsanwalt in seiner Begründung, »das Kind sicherlich kein wertvolles Mitglied der Volksgemeinschaft werden wird.« Das zuständige Ministerium hielt das für Zeitverschwendung. Es setzte sich über die eigenen Vorschriften hinweg. Die werdende Mutter starb unter dem Fallbeil.

Das als »Königlich-Preußische Straf- und Besserungsanstalt« 1842 errichtete Gefängnis verdankt seinen Namen vermutlich der roten Backsteinfassade. Noch heute wird der größte Teil des Gebäudes als JVA genutzt. Im Erdgeschoss der Gedenkstätte befindet sich die Dauerausstellung zur NS-Diktatur.

Dort erfahren Sie, mit welch menschenverachtenden Begründungen die Beamten ihre Urteile fällten. Sie lernen dank der Forschung die Opfer dieser Urteile kennen. Sie blicken in ihre Gesichter und lesen in ihren letzten Briefen. In ihren Todeszellen können Sie die Verzweiflung der Verurteilten noch heute spüren. Von den Todeszellen sind es nur wenige Schritte zu einem größeren Raum. Dort ist eine Glasplatte im grauen Boden eingelassen. Darunter sind Backsteine, ein Betonfundament und ein Abfluss zu sehen. Darüber stand die Guillotine.

**Adresse** Am Kirchtor 20b, 06108 Halle (Saale), www.gedenkstaette-halle.sachsen-anhalt.de | **ÖPNV** Bus 7, Haltestelle Herrmannstraße; Bus 8, Haltestelle Peißnitzstraße / Diakoniewerk | **Öffnungszeiten** Mo, Fr 10 – 14 Uhr, Di – Do 10 – 16 Uhr, jedes 1. Wochenende im Monat Sa, So 13 – 17 Uhr | **Tipp** Ein Spaziergang durch den Botanischen Garten der Martin-Luther-Universität (Am Kirchtor 3) eignet sich gut, um den Besuch in der Gedenkstätte sacken zu lassen.

# 36 Die Gedenkstätte »Roter Ochse« 1945 – 1989

*Keine Gnade für Andersdenkende*

Im Juli 1945 übernahm die sowjetische Besatzungsmacht den »Roten Ochsen«. Inhaftiert wurden nun Nazis, aber auch Menschen, die von der neuen Macht zu solchen erklärt wurden. Hunderte sogenannte »politische Gegner« wurden vom Sowjetischen Militärtribunal verurteilt, viele davon zum Tod. Andere der zu Unrecht in Halle schuldig Gesprochenen wurden in Arbeitslager verschleppt, etliche kamen dort um. Im zweiten Obergeschoss erinnert eine Ausstellung an die zahlreichen Opfer dieser ersten Nachkriegsjahre.

Im Herbst 1950 zog ein neuer »Mieter« in den »Roten Ochsen« ein. Das Ministerium für Staatssicherheit (MfS) machte aus einem Teil des Gefängnisses eine Untersuchungshaftanstalt. Die Situation für die inhaftierten Frauen und Männer verbesserte sich dadurch nicht. Junge Menschen wurden vom MfS »zur Klärung eines Sachverhaltes« auf dem Schulhof verhaftet. Ein 16-Jähriger hatte regierungskritische Flugblätter verteilt. Das wurde als »staatsfeindliche Hetze« gewertet. Seine Eltern wurden darüber nicht informiert und suchten ihr verschwundenes Kind verzweifelt.

Bei der Einlieferung im »Roten Ochsen« wurden die Verhafteten einer demütigenden Aufnahmeprozedur unterzogen. Die Betroffenen erinnern sich bis heute an die damit verbundene Scham. In der ehemaligen Effektenkammer können Besucher dieses Gefühl eindrucksvoll nachempfinden.

Im zweiten Obergeschoss ist auch ein Verhörraum zu besichtigen. Ziel der Stasi-Vernehmer war es nicht, irgendeine Wahrheit ans Licht zu bringen. Die »Staatsfeinde« sollten durch perfide Methoden innerlich gebrochen werden: wochenlange Isolation, gefolgt von tagelangen Verhören. Selbst nachts ließ man die Menschen nicht in Ruhe. Im Verhörraum sind Audiomitschnitte zu hören. Die zynische und hämische Art der Stasi-Vernehmer verursacht noch heute Übelkeit.

Adresse Am Kirchtor 20b, 06108 Halle (Saale), www.gedenkstaette-halle.sachsen-anhalt.de | ÖPNV Bus 7, Haltestelle Herrmannstraße; Bus 8, Haltestelle Peißnitzstraße/Diakoniewerk | Öffnungszeiten Mo, Fr 10 – 14 Uhr, Di – Do 10 – 16 Uhr, jedes 1. Wochenende im Monat Sa, So 13 – 17 Uhr | Tipp Ein Besuch in der Pauluskirche mitten auf dem schönen Rathenauplatz lohnt sich (Robert-Blum-Straße 11a).

# 37 Das Kino Lux

*Tierische Nachbarn*

Kino ist Urlaub vom Alltag. Für zwei Stunden tauchen wir in eine Welt voller großer und kleiner Abenteuer ein. In einem Programmkino erleben wir die kleinen Abenteuer. Die Filme erzählen von Menschen, für deren Geschichten in Blockbustern kein Platz ist. Es sind leise Filme, berührende Filme, Filme für Kinder und Filme für ein erwachsenes Publikum. Mit dem Besuch im Programmkino beweist man nicht nur einen differenzierten Filmgeschmack, sondern wird zum Bewohner einer Welt, die größer ist als Hollywood. Im Lux gibt es neben dem abwechslungsreichen Programm auch eine Reihe zum Thema »Globalisierung«. Die ausgewählten Filme erzählen von Ausbeutung und Entrechtung, aber auch von den einfallsreichen Strategien des Widerstands gegen eine menschenfeindliche Weltwirtschaft.

Das Kino Lux am Zoo heißt so, weil der Weg zum Eingang gleichzeitig auch zum Hallenser Zoo führt. Wenn Sie also an der Kinokasse Raubtiere brüllen hören, haben Sie nicht den Vorfilm verpasst, sondern die wilden Nachbarn gehört. Im Lux gibt es tatsächlich Vorfilme. Sie sind nicht so lang wie der »DEFA-Augenzeuge«, aber dafür geht es darin auch nicht um den Besuch eines befreundeten nordafrikanischen Diktators in der LPG »Neues Leben«. Aber vielleicht habe ich ja jetzt einen Kurzfilmer auf eine Idee gebracht.

Mit seinem Schwesterkino, dem »Puschkin«, unterhält das Lux am Zoo bis zu 70.000 Kinobesucher pro Jahr. Viele davon sind zu Stammgästen geworden. Die Jüngsten von ihnen können im Kino Lux Kinderfilmklassiker wie »Pippi Langstrumpf«, »Der Zauberer von Oz« und »Die Schneekönigin« entdecken. Das Lux gehört nicht zu einem großen Filmverleih und ist auch kein städtisches Kino. Das Kino Lux ist unabhängig. Und als unabhängiges Kino ist es aus Halle nicht mehr wegzudenken. Die Kinomacher sind zufrieden mit ihrer Rolle in der Stadt. Sie wünschen sich nur eins: noch mehr Experimentierfreude bei ihrem Publikum.

Adresse Seebener Straße 172, 06114 Halle (Saale) | ÖPNV Bus 8/98, Haltestelle Emil-Eichhorn-Straße (direkt am Hintereingang zum Zoo) | Anfahrt über die A 14 bis Halle-Trotha, rechts auf die B 6 | Öffnungszeiten aktuelles Kinoprogramm unter www.luxkino.de | Tipp Viele besondere Momente können Sie bei den alljährlich im Frühsommer veranstalteten Händel-Festspielen erleben.

# 38 Der Krug zum Grünen Kranze

*Das Trinken ist des Müllers Lust*

Wir hassen es zu warten. Auf die Bahn, auf ein Taxi, auf eine Verabredung. Wartezeit ist tote Zeit. Warum sollten wir etwas anfangen, was wir sowieso abbrechen müssen, sobald unsere Verabredung auftaucht oder die Bahn kommt? Weil manchmal etwas sehr Schönes dabei herauskommen kann, wenn man die Wartezeit sinnvoll nutzt. Im Mai 1818 saß der Dichter Wilhelm Müller im Krug zum Grünen Kranze und wartete auf Carl Adolf Basedow. Müller wollte Basedows Schwester ehelichen und wartete nun darauf, mit seinem zukünftigen Schwager die letzten Einzelheiten zu besprechen. Aber der Mediziner kam und kam nicht. Wilhelm Müller griff kurzerhand zu Stift und Papier und schrieb einen der größten Hits der deutschen Volkslieder: »Das Wandern ist des Müllers Lust«. Wahrscheinlich machte Basedow genauso riesige Augen, wie er sie später bei den an der Schilddrüse erkrankten Patienten beschrieb. Ein Hit war geboren, entstanden in der sinnlosen Wartezeit. So kann's auch gehen.

Der Krug zum Grünen Kranze hat seinen Ursprung in der zweiten Hälfte des 19. Jahrhunderts. Das Fischerdörfchen Kröllwitz lockte mit seiner Landschaft die Hallenser Ausflügler und Studenten an. Gottlob Frönicke, eigentlich Zimmermann, erkannte den Trend und verkaufte aus einer zusammengezimmerten Theke heraus selbst gebrautes Bier. Sobald er frisches Hopfenbräu im Angebot hatte, hängte er den grünen Kranz aus dem Fenster. So kam das Lokal zu seinem Namen. Einigen Lesern dürfte noch die gleichnamige Schlagersendung des DDR-Fernsehens aus dem Lokal in Erinnerung sein. Heute ist der Krug zum Grünen Kranze ein Ziel für Touristen aus ganz Deutschland. Falls Sie dort jemals auf Ihre Verabredung warten müssen, wissen Sie ja jetzt, wie Sie die Zeit überbrücken können. Schreiben Sie einen Hit!

**Adresse** Talstraße 37, 06120 Halle (Saale), www.krugzumgruenenkranze.de | **ÖPNV** Straßenbahn 7, Haltestelle Talstraße | **Anfahrt** mit dem Boot: flussabwärts etwa bei Kilometer 91, nach der Burg Giebichenstein am linken Ufer; flussaufwärts hinter der Schleuse Trotha, nach etwa 5 Minuten auf der rechten Seite | **Öffnungszeiten** Mo–Do 15–22 Uhr, Fr 15–1 Uhr, Sa 12–1 Uhr, So 12–22 Uhr | **Tipp** Schnuppern Sie Fußballatmosphäre bei einem Heimspiel des HFC im Erdgas Sportpark (Kantstraße 2).

# 39 Die Kunsthochschule

*Was ist Kunst?*

»Wenn ich wüsste, was Kunst ist, würde ich es für mich behalten«, sagte Pablo Picasso. Für Joseph Beuys war in seiner Zeit als Professor an der Düsseldorfer Kunstakademie jeder ein Künstler. Wer sich bei ihm bewarb, wurde angenommen, auch ohne eine Mappe mit eigenen Arbeiten. Auf der Burg Giebichenstein studieren insgesamt 1.000 Studenten. Sie haben sich alle mit einer Mappe beworben. Erst dann durften sie ins dreitägige Hauptverfahren, in dem sie noch einmal ihr Talent unter Beweis stellen mussten. Welcher Weg ist der bessere für einen Künstler? Ute Pleuger, Malerin und Professorin der Kunsthochschule, gibt darauf auf der Homepage der Uni eine ganz einfache Antwort: »So ist das Studium vor allem ein Prozess der Klärung. Klarheit wird es allerdings nicht geben.« Aha.

2015 wurde die Kunsthochschule 100 Jahre alt. Zu ihren Lehrern gehörte einer der bedeutendsten Maler der DDR, Willi Sitte. Wer sich nur mit der Vita des späteren DDR-Kulturpolitikers befasst, wird sich wundern, wie unangepasst er in seiner Jugend war. Während des Nationalsozialismus flog er von der Hermann-Göring-Meisterschule für Malerei, musste deshalb als Soldat an die Ostfront. Nach einer Versetzung nach Italien desertierte er und schloss sich den Partisanen an. Nach dem Krieg war er Teil der unabhängigen Kulturszene um Christa Wolf, Wolf Biermann und Eva-Maria Hagen. Dann wurde er Professor an der Kunsthochschule Burg Giebichenstein. Ab 1964 machte er für die SED aktiv Politik. Darunter litten viele seiner Freundschaften, aber nicht seine Kunst. Die kraftvollen, fast barocken Bilder von Willi Sitte sind noch heute in ganz Europa begehrt.

Die Kunsthochschule befindet sich in der Unterburg der Burg Giebichenstein. Ihr Tor ist für Besucher offen. Auf dem Kunstcampus stehen Skulpturen. In der Luft liegt trotz der strengen Aufnahmeregeln ein Hauch von kreativer Anarchie.

**Adresse** Burg Giebichenstein, Seebener Straße 1, 06114 Halle (Saale), www.burg-halle.de | **ÖPNV** Straßenbahn 7, 8, Haltestelle Burg Giebichenstein | **Anfahrt** A 14 bis Halle-Trotha, dann rechts auf die B 6 | **Öffnungszeiten** Das Tor zum Kunstcampus schließt nach Veranstaltungsende. | **Tipp** Lassen Sie das rote Halstuch wehen und fahren Sie wie früher mit der »Pioniereisenbahn« über die nahe Peißnitzinsel.

# 40 Das Museum für Vorgeschichte

*Eine Familientragödie vor unserer Zeit*

Ihre Großeltern waren noch als Nomaden durch die jungsteinzeitliche Landschaft gestreift. Ihre Eltern waren sesshaft geworden, sie lebten mit ihren Kindern in einer dörflichen Gemeinschaft. Die Familie hatte sich ein gutes Stück weit von der Natur emanzipiert. Aber sie war schutzlos gegen die Natur des Menschen. Ihre Mörder waren in der Überzahl und blutrünstig. Die Frau nahm die Kinder und floh. Der Vater versuchte sich zu wehren, doch vergeblich. Die Familie starb an diesem Tag vor über 5.000 Jahren. Ihre Skelette sind heute im Museum für Vorgeschichte zu sehen.

2005 fand man ihre und drei weitere Grabstätten im Burgenlandkreis. Die Toten lagen in ihrem Grab sehr dicht beisammen, teilweise so einander zugewandt, dass sich ihre Hände und Gesichter berührten. Diese Art der Bestattung legte von Anfang an die Vermutung nahe, dass es sich um eine Familie handelte. Den Beweis dafür erbrachte der Vergleich der DNA, die man den Knochen entnommen hatte. Bei der weiteren Untersuchung der Skelette entdeckte man Spuren der Gewalt. Man fand Verletzungen der Armknochen, die beim Versuch, sich zu schützen, entstanden waren, eine Pfeilspitze, die in einem Wirbel stecken geblieben war, und sah die Schädel, die durch stumpfe Gewalteinwirkung gebrochen waren. Mit modernen forensischen Mitteln konnte man die Todesumstände rekonstruieren. Den Tätern kam man nicht auf die Spur. Mit der Analyse der Strontiumisotope aus den Knochen konnte außerdem nachgewiesen werden, dass die Mutter in einer ganz anderen Region groß geworden war. Wurde sie entführt? Oder kam sie freiwillig in diese Gegend? Darüber kann man nur spekulieren. Sicher wissen wir nur, dass die Geschichte der Menschheit voller spannender Abenteuer ist. Einen großartigen Eindruck davon vermittelt das Museum für Vorgeschichte in Halle.

Adresse Richard-Wagner-Straße 9, 06114 Halle (Saale), www.landesmuseum-vorgeschichte.de | ÖPNV Bus 7 Richtung Kröllwitz, Haltestelle Landesmuseum für Vorgeschichte | Anfahrt A 14 bis Halle-Trotha, rechts auf die auf B 6 | Öffnungszeiten Di–Fr 9–17 Uhr, Sa, So, Feiertage 10–18 Uhr | Tipp Wie wäre es mit einem Spaziergang über den nach italienischem Vorbild gestalteten Friedhof in der Gottesackerstraße 7?

# 41 Die Skaterbahn

*Freestyle in Ha-Neu*

Beim Bummel durch Halles sanierte Altbaustraßen könnte man fast vergessen, dass es die DDR jemals gegeben hat. Wer das nicht will, muss die Stadt nur über die Magistrale verlassen. Nach wenigen Minuten erreicht man Halle-Neustadt. Und da kriegt man die DDR noch einmal so richtig vor den Latz geknallt. Platte an Platte, so weit das Auge reicht. Hier ist die Zeit stehen geblieben, denkt man. Aber nur kurz, denn wenn man genau hinsieht, stellt man fest, wie viel sich verändert hat. Studenten leben hier in der Blockhouse-City, und aus der Straßenbahn steigen Jugendliche mit Skateboards. Die wollen sie nicht spazieren tragen, sondern damit auf einer der größten Skaterbahnen Europas fahren. Und die hätte es in der DDR nie gegeben.

Trotzdem verdankt die Skaterbahn ihre Existenz einem Beschluss des Politbüros der SED. Das entschied am 17. September 1963, in der Nähe von Halle eine »Chemiearbeiterstadt« zu errichten. Sie haben damals bestimmt nicht geahnt, dass in ihrer sozialistischen Musterstadt einst junge Menschen mit viel zu großen Hosen auf rollenden Holzbrettern durch eine Betonlandschaft rasen würden. Halle-Neustadt, von seinen Einwohnern kurz Ha-Neu genannt, sollte Wohnstadt für die Chemiekombinate von Buna und Leuna sein. Am 9. August 1965 zogen die ersten Mieter ein. Nur sieben Jahre später lebten schon über 50.000 Menschen in Ha-Neu.

Man kann sich schwer vorstellen, dass sich die DDR-Planer Manhattan zum Vorbild genommen haben, aber genau wie dort verzichtete man auch in Halle-Neustadt auf Straßennamen. Stattdessen nummerierte man alle Eingänge und Wohnblöcke durch. Ein System, das sogar Menschen, die in Halle-Neustadt geboren wurden, an die Grenzen ihrer Orientierung führte.

Nach 1990 bekamen die Straßen dann aber doch Namen. Und so findet man die Skaterbahn dort, wo sich die Magistrale mit der Hallorenstraße kreuzt.

Adresse an der Magistrale / Ecke Hallorenstraße, 06122 Halle, www.halle-rollt.de | ÖPNV Straßenbahn 10, 11, Haltestelle Neustadt | Anfahrt A 14 bis Halle-Trotha, rechts auf die B 6 | Öffnungszeiten täglich 10 – 22 Uhr, mit Flutlicht | Tipp Gegenüber wartet ein Park, die sogenannte Grüne Galerie, mit vielen Skulpturen auf Ihren Besuch.

# 42 Der Dom

*Symbol der Macht*

Havelberg ist die nordöstlichste Gemeinde von Sachsen-Anhalt. Sie grenzt an drei Seiten an Brandenburg, und wer auf die Landkarte schaut, fragt sich, warum die Stadt eigentlich nicht zu Brandenburg gehört. Ich glaube, es gibt nur einen vernünftigen Grund dafür: Dann würde Havelberg bei den 111 Orten in Sachsen-Anhalt, die man gesehen haben muss, fehlen.

Havelberg entstand auf einer Insel in der Havel, die hier in die Elbe mündet. Die Stadt lebte jahrhundertelang vom Schiffsbau, der Fischerei und der Schifffahrt. Geblieben sind davon eine Schiffsbauwerft und der Jachthafen.

Ihre Gründung verdankt die Stadt Otto I., der das Gebiet von den Slawen eroberte und Havelberg zum Bistum machte. Von Havelberg aus sollten die Slawen weiter missioniert, also unterworfen werden. Die Slawen eroberten Havelberg bei einem Aufstand 983 zurück und zerstörten das Symbol von Ottos Macht, den Bischofssitz. Im 12. Jahrhundert führten die Christen einen Slawenfeldzug, und Havelberg gelangte wieder in ihren Besitz. Anselm von Havelberg wurde Bischof des Bistums und weihte 1170 den neu errichteten Dom ein.

Seit über 900 Jahren liegt der Dom von Weitem sichtbar oberhalb der Altstadt von Havelberg und dominiert den Blick. Zunächst wurde er als dreischiffige romanische Pfeilerbasilika erbaut. Nach einem verheerenden Brand im Jahre 1279 wurde das Langhaus bis 1330 im gotischen Stil wiederaufgebaut. Als Langhaus bezeichnet man den lang gestreckten Hauptteil der Kirche, der die Laien, also die Gemeinde, aufnehmen sollte. Heute finden Gläubige und Besucher dort ihren Sitzplatz. Der Dom ist bekannt für seine reiche Ausstattung. Vom Dom aus können Sie die Altstadt bequem zu Fuß erkunden. Danach empfehle ich eine Tour auf der Havel, im Hausboot, im Motorboot oder am besten im Paddelboot. So bekommen Sie wirklich ein Gefühl für die Schönheit dieser Gegend.

Adresse Domplatz 3, 39539 Havelberg, www.havelberg-dom.de | ÖPNV mit den Bussen der Regionalverkehrsbetriebe Westsachsen (RVW) von den Bahnhöfen Glöwen in Brandenburg, Schönhausen (Elbe), Tangermünde und Stendal | Anfahrt von Magdeburg über die B 189 und die B 107 | Öffnungszeiten April–Okt. Mo–Sa 10–18 Uhr, So und Feiertage 12–18 Uhr, Nov.–März Mi–Sa 10–16 Uhr, So und Feiertage 12–16 Uhr | Tipp Folgen Sie dem Strom und erleben Sie bei einer Wanderung zur Mündung der Havel die einmalige Natur.

# 43__Das Schloss Hohenerxleben

*Auferstanden aus Ruinen*

Wohin, glauben Sie, zog es eine abenteuerliche Gruppe von Künstlern und Kreativen? In die Straßenschluchten von New York? In ein Berliner Szeneviertel? Oder genau von da weg? Richtig, genau von da weg! Raus aus Berlin und rein in den Salzlandkreis. Und zwar exakt nach Hohenerxleben.

Hohenerxleben hat Ende der 1990er Jahre ungefähr 900 Einwohner, ein paar Haustiere und ein verfallenes Schloss, das Stück für Stück von den Neonazis der Umgebung auseinandergenommen wird. Trotzdem wollen die Berliner Künstler 1997 bleiben. Eine Entscheidung, die ihr Leben und das Schicksal des ganzen Ortes verändern wird.

Um das verfallene Gemäuer kaufen zu können, gründen sie die »Kunst und Gesundungshaus GbR«. Ein halbes Jahr später geht daraus eine Stiftung hervor. Was so einfach klingt, ist im Alltag unglaublich schwer. Das Dach ist undicht, die Zimmer sind unbewohnbar. Für Handwerker fehlt das Geld, jeder Handgriff muss allein durchgeführt werden. Dabei werden sie von den Alten des Dorfes skeptisch beäugt und von den Jungen unverhohlen abgelehnt. Die Stiftungsmitglieder glauben an das Gute in den Menschen, auch wenn diese Glatzen haben und Springerstiefel tragen. Sie gehen auf die Jugendlichen zu, bitten sie um Hilfe beim Wiederaufbau des Schlosses. Sie werden nicht enttäuscht. Die Jugendlichen räumen, von so viel Vertrauen begeistert, die Spuren ihrer eigenen Verwüstung weg. Es entsteht ein gemeinsames Gefühl der Verantwortung für das Schloss. Die Hohenerxlebener sind wieder stolz auf ihr 800 Jahre altes Kulturerbe.

Lassen Sie sich auf einem Rundgang durch das Schloss die spannende Geschichte von der Sanierung erzählen. Bleiben Sie zu einem russischen, spanischen oder afrikanischen Musikabend, die regelmäßig im Saal veranstaltet werden. Genießen Sie dazu die passenden Speisen und danach den Komfort der ehemals hochherrschaftlichen Gemächer.

Adresse Friedensallee 27, 39443 Hohenerxleben, www.schloss-hohenerxleben.de | ÖPNV mit der Bahn bis Bahnhof Staßfurt, von dort mit dem Bus oder Taxi (etwa 5 Kilometer) | Anfahrt A 14, Ausfahrt Staßfurt | Öffnungszeiten Di–So 12–21 Uhr | Tipp Schlösserhopping! Spazieren Sie entlang der Bode zum Schloss Neugattersleben. Es wird Ihnen gefallen.

# 44 Das Kloster Jerichow

*Diese Mauern pustet keiner um*

Sieben große Trompeten ließen die Mauern von Jerichow, Entschuldigung, von Jericho einstürzen. Jericho heißt der Ort kurz vor Jerusalem, dessen Mauern laut Bibel mit ein paar kräftigen Trompetenstößen zum Einsturz gebracht wurden. Die biblischen Spieler müssen ein ordentliches Lungenvolumen gehabt haben. Ich glaube, dass nicht mal Ernst Mosch und seine original Egerländer Musikanten auf dem Höhepunkt ihrer Blasmusik das hinbekommen hätten. Der Ortsname Jerichow ist nicht biblisch, er kommt aus der slawischen Sprache und bedeutet Burg, Herrensitz des Tapferen. Alle Tapferkeit hat nichts genutzt, denn heute findet man, dort, wo einst die stolze Burg stand, nur noch einen kleinen Hügel.

Im Jahre 1144 wird gar nicht weit von der Burg entfernt ein Kloster gegründet, das nur vier Jahre später wegen der lauten Nachbarn umzieht. An ruhigerer Stelle wird in der Spätromanik ein neues Kloster aus Backsteinen der Region gebaut. Seine mächtigen Westtürme ragen als Wahrzeichen des Jerichower Landes in den Himmel. Das Gebäude besticht durch seine klare Linienführung und Ruhe. In der großen romanischen Basilika kann man zur inneren Einsicht gelangen oder weitergehen zu den ehemaligen Klausurräumen. Dort wird in einer Ausstellung die Geschichte des Klosters von der Gründung im 12. Jahrhundert bis zur Auflösung durch die Reformation im 16. Jahrhundert erzählt.

Innerhalb der Klostermauern liegt der Klostergarten, der sich in einen Gemüse-, einen Feldfrucht- und einen Färbergarten unterteilt. Sie können an den Beeten entlangstreifen oder sie sich ganz bequem mit einem Kaffee in der Hand von einer Bank aus anschauen. Im Garten gibt es auch ein Café – probieren Sie im Sommer unbedingt das selbst gemachte Kräutereis.

Von Mai bis September finden in der Kirche des ehemaligen Klosters die beliebten Konzerte der »Jerichower Sommermusiken« statt – wahrscheinlich ohne Trompeten. Sicher ist sicher.

**Adresse** Klostergasse 1, 39319 Jerichow, www.kloster-jerichow.de | **ÖPNV** Bus 742 ab Genthin oder Tangermünde | **Anfahrt** z. B. von Genthin über die B 107 | **Öffnungszeiten** April–Okt. Mo–So 10–18 Uhr, Nov.–März Di–So und Feiertage 10–16 Uhr | **Tipp** Handwerklich interessierte Besucher entdecken im Backsteinmuseum, das auch im Garten liegt, vielleicht ein paar Anregungen für den eigenen Hausbau.

# 45 Die Künstlerstadt

*1.000 Jahre und modern*

Kalbe ist eine Stadt der Kultur. Das klingt ungewöhnlich für einen Ort mit (Stand 2018) gerade einmal 7.587 Einwohnern, die sich auch noch auf etliche Gemeinden verteilen. Die gesamte Altmark kämpft gegen die Folgen des demografischen Wandels. Kalbe setzt dabei auf Kunst.

Ein Besuch in der Stadt lohnt sich das ganze Jahr über. Man spaziert durch enge mittelalterliche Gassen, vorbei an wunderschönen Fachwerkhäuschen. Der Weg, der an mehr als 100 Brücken entlang schließlich zur romantischen Ruine der Wasserburg führt, ist auch im Winter großartig. Aber ab dem Frühsommer blüht die Stadt erst so richtig auf, denn dann starten die Festivals. Den Auftakt macht die (((potentiale))), die mit einem bunten Programm aus Musikimprovisationen ein internationales Publikum anlockt. Im Spätsommer wird dann ganz Kalbe zur Bühne für Zirkus, Livemusik, Tanz und Poesie. Das Festival »BRUCCA!« nutzt besondere Orte der Stadt. Straßen werden zu Theatern, Hinterhöfe zu Varietés und Plätze zu Konzertsälen. Hauptsache, es ist abwechslungsreich, originell und zum Staunen. Im Herbst bringt das »Impuls«-Festival internationale Musiker zusammen, die ihre in der gemeinsamen Arbeit entstandenen Werke aufführen.

Der Sommer gehört dem »Internationalen Sommercampus« und bietet die Gelegenheit, Künstlerinnen und Künstler persönlich kennenzulernen, die als Stipendiaten in der Stadt leben. Bei Atelierrundgängen können Sie ihnen sogar direkt über die Schulter schauen. Das Programm wird abgerundet durch Lesungen, Konzerte und Filmvorführungen.

Manche Kreative sind nach ihrem Stipendium in Kalbe geblieben. Kunsttheoretisch könnte man sagen, dass sie gemäß dem Konzept der »sozialen Skulptur« von Joseph Beuys ihre schöpferische Kraft nun dafür einsetzen, aus dieser kleinen, aber feinen Stadt einen noch freieren, nachhaltigeren und lebenswerteren Ort zu machen.

Adresse 39624 Kalbe (Milde), www.kuenstlerstadt-kalbe.de | Anfahrt B 71 aus Richtung Magdeburg, Abfahrt Kalbe (Milde) | Tipp Für Genussradler empfiehlt sich die »Milde-Biese-Aland-Tour« entlang der Milde.

# 46 Die Langobardenwerkstatt

*Töpfern wie die Langbärte*

Zwischen Gardelegen und Salzwedel liegt das Tor zur Vergangenheit. Seit dem 2. Jahrhundert setzten auf dem Zethlinger Mühlenberg Angehörige des elbgermanischen Stammes der Langobarden ihre Toten bei. Für den römischen Geschichtsschreiber Velleius Paterculus waren die Langobarden »ein Stamm, der noch wilder als die germanische Wildheit ist«. Ihren Namen verdanken die »wilden« Langobarden vermutlich ihren langen Bärten. Ob sie diese aufwendig in trendigen Barbershops pflegten, ist nicht überliefert. Genauso wenig ist bekannt, ob die Langobardinnen ebenfalls lange Bärte trugen. Was aber feststeht, ist, dass die Frauen und Männer der Langobarden ab 166 nach Christus nicht nur zu Plünderungen ins Römische Reich zogen, sondern sich auch in der westelbischen Altmark niederließen.

Die Langobarden äscherten ihre Toten ein und begruben sie in Urnen. Bis heute wurden über 2.000 dieser sogenannten Brandgräber wissenschaftlich untersucht. Dabei wurden Grabbeigaben wie Verschlüsse von Gewändern, Keramik- und Glasperlen, Nähnadeln, Kämme, Schlüssel, Messer oder auch Lanzenspitzen gefunden. Die Beigaben lassen Rückschlüsse auf das Leben und besonders auf die handwerklichen Fähigkeiten der Langobarden zu.

Mehr darüber erzählt die »Langobardenwerkstatt Zethlingen«, und zwar ganz praktisch und konkret. In originalgetreuen Häusern und Werkstätten können Sie nicht nur sehen, wie mit alten Techniken geschnitzt, gefilzt und getöpfert wird, Sie dürfen auch alles anfassen und selbst ausprobieren. Sie können, falls sich ein Familienmitglied dazu bereit erklärt, beim Bogenschießen Wilhelm Tell nachstellen und beim Steinstoßen körperliche Grenzen verschieben.

Das alles geschieht unter museumspädagogischen Gesichtspunkten, was nur langweilig klingt, aber die Eltern freut und den Kindern tatsächlich viel Spaß bereitet.

**Adresse** Zethlinger Dorfstraße 16a, 39624 Kalbe, www.museen-altmarkkreis.de/langobardenwerkstatt-zethlingen | **Anfahrt** über die B 71 oder die B 188 nach Zethlingen, Parkplätze am Werkstattgelände und rund um den Mühlenberg | **Tipp** Besichtigen Sie die Bockwindmühle in Zierau! Sie erreichen sie in fünf Minuten über die K 1386 in Richtung Jeggeleben.

# 47 Das Denkmal zur Pflege der deutschen Sprache

*»Reinigkeit« und Recht und Freiheit …*

Wenn Sie in Köthen der Spur der bunten Kühe folgen, werden Sie irgendwann auch auf das Denkmal der Gesellschaft zur Pflege der deutschen Sprache stoßen. Eine Gesellschaft zur Pflege der deutschen Sprache? Ist die denn wirklich nötig? Wer einmal zwei waschechte Köthener im angeregten Gespräch belauscht hat, weiß, dass die deutsche Sprache nicht nur gepflegt werden muss, sondern in Köthen sogar in Gefahr ist. Deshalb ist es wohl auch kein Zufall, dass hier am Hof von Fürst Ludwig zu Anhalt-Köthen ab 1617 der Sitz der ersten Gesellschaft zur Pflege der deutschen Sprache war. Ihr Ziel war laut Gründungsstatut: »… unsre edle Muttersprache, […] hinwieder in ihre uralte gewöhnliche und angeborne deutsche Reinigkeit […] einzuführen.« Dafür wurden Fremdwörter eingedeutscht, Arbeiten zur Grammatik veröffentlicht und kunstvolle Prosa geschaffen. 100 Jahre nach ihrer Gründung verschwand sie wieder von der Bildfläche.

Im Jahre 2007 hat sich eine Nachfolgegesellschaft in Köthen gegründet. Dieser liegen besonders die jungen Menschen am Herzen. Es gibt für sie einen jährlichen Schreibwettbewerb und den »Köthener Sprachtag«. Der soll keine trockene Veranstaltung sein, sondern ein »Kleines Volksfest der deutschen Sprache«. »Kleines Volksfest der deutschen Sprache«, das klingt viel attraktiver als »Melt«- oder »Splash«-Festival, oder? So ein Volksfest zieht bestimmt auch mehr Jugendliche an als zum Beispiel »Rock am Brocken«.

In Zukunft wird Köthen ein Ort an der »Straße der deutschen Sprache« sein. Diese Straße soll Städte in Mitteldeutschland verbinden, welche die Pflege der deutschen Sprache mindestens genauso nötig haben wie Köthen. Ein Scherz! Die Organisatoren sind der Überzeugung, dass sich hier besonders viele Orte finden, die bedeutsam für die deutsche Sprache sind.

Adresse Schloßplatz 5, 06366 Köthen | Anfahrt über die B 185 bis Köthen-Zentrum | Tipp Planen Sie Ihren Köthen-Besuch so, dass Sie ein Konzert im Johann-Sebastian-Bach-Saal erleben können. Zum Beispiel bei den Bachfesttagen (28. Aug.–4. Sept. 2022).

# 48 Die Lutze-Klinik

*Die erste Wellnessklinik der Welt*

Köthen ist die Geburtsstadt der Homöopathie, die mit alternativen Behandlungsmethoden arbeitet. Ihr Vater ist ohne Frage Samuel Hahnemann, der am längsten in Köthen wirkte. Ihr schillerndster Vertreter jedoch war Arthur Lutze, der von seiner Klinik in Köthen aus Patienten auf allen fünf Kontinenten betreute. Mitte des 19. Jahrhunderts galt er sogar als Wunderheiler. Arthur Lutze hatte sich selbstbewusst von Hahnemanns Lehre, »Ähnliches mit Ähnlichem zu behandeln«, wegentwickelt und seine Patienten darüber hinaus mit heute noch modernen Diätvorschriften versorgt. Dabei war Arthur Lutze zunächst Postbeamter. Er beschäftigte sich nur in seiner Freizeit begeistert mit Hahnemanns Schriften. Darin fand er seine eigentliche Bestimmung.

1846 kam Arthur Lutze als Heilpraktiker nach Köthen. Innerhalb kurzer Zeit platzte seine Praxis aus allen Nähten. Köthen war zu einem Wallfahrtsort der Globuli-Gläubigen geworden. Eine größere Praxis, eine ganze Klinik musste her.

Arthur Lutze tauschte zur Finanzierung des Großprojekts 100.000 selbst gedruckte »Lutze-Taler« bei Spendern gegen echtes Geld. So konnte er nur ein Jahr später die modernste Klinik Europas eröffnen. Der Prachtbau im Stil der Neorenaissance bot diverse Heilbäder, eine Bibliothek, eine Kunstgalerie, eine Sternwarte, natürlich Einzelzimmer für betuchte Patienten und große Krankensäle. Arthur Lutze versorgte zeitlebens arme Patienten kostenlos. Das hatte jedoch keinen Einfluss auf seinen wirtschaftlichen Erfolg. In manchen Jahren behandelte er mit Hilfe seiner Assistenten mehr als 25.000 Patienten und beantwortete über 150.000 Anfragen aus aller Welt. Arthur Lutze empfahl ihnen eine vegetarische Ernährung, den Verzicht auf Alkohol, Nikotin und Kaffee. Er war also eine echte Spaßbremse und damit seiner Zeit weit voraus.

Sein ehemaliges Klinikgebäude beherbergt heute altersgerechte Wohnungen.

**Adresse** Springstraße 28, 06366 Köthen | **ÖPNV** Bus 396, 472, Haltestellen Stiftstraße und Springstraße | **Anfahrt** von Dessau über die B 185, in Köthen über die Bernburger Straße und die Stiftstraße auf die Springstraße | **Öffnungszeiten** Park hinter der ehemaligen Klinik ganzjährig zugänglich | **Tipp** Als Fotomotiv eignet sich das Hahnemann-Lutze-Denkmal an der Ecke Springstraße/Theaterstraße. Außerdem befindet sich im Garten der Lutze-Klinik der Ausgangspunkt des Homöopathiepfads durch Köthen.

# 49__Die Cranachhöfe

*The Factory*

»The Factory« nannte Andy Warhol die New Yorker Studios, in denen er in den 1960er Jahren Kunst produzierte. Produzierte? Kann man denn Kunst produzieren? Wenn man Künstler ist, schon. Erfunden hat das nicht erst Andy Warhol. Der griff den Gedanken der Malerwerkstatt aus dem Mittelalter aber auf und machte daraus seine Pop Art.

1512, ungefähr 450 Jahre vor Warhol, kaufte der Maler Lucas Cranach der Ältere das Grundstück Markt 4 in Wittenberg und richtete dort seine Malerwerkstatt ein. In dieser Werkstatt war Lucas Cranach Maler und Lehrmeister zugleich. Seine Malergesellen kamen aus ganz Europa nach Wittenberg, lernten von ihrem Meister und brachten stilistische Neuerungen mit ein. Bis 1518 wurde am Markt 4 Kunst »produziert«. Es entstanden Werke wie der »Neustädter Altar« und »Adam und Eva«. Lucas Cranach der Ältere hatte innerhalb weniger Jahre die erfolgreichste Malerwerkstatt seiner Zeit aufgebaut. Die Auftragsbücher waren voll, die Werkstatt wurde zu klein. Der Meister Cranach expandierte und zog auf den größten Wittenberger Hof in der Schlossstraße 1. Am Markt 4 richtete er mit seinem Geschäftspartner Christian Döring eine Druckerei ein. In dieser Druckerei wurde das Neue Testament von Martin Luther in deutscher Sprache mit den Illustrationen von Lucas Cranach gedruckt, ein Buch von Weltrang.

Am 4. Oktober 1515 wurde im Haus am Markt 4 der nächste Lucas geboren, Lucas Cranach der Jüngere. Er erlernte von seinem Vater die Kunst der Malerei und übernahm um 1550 die gesamte Werkstatt. Die Tradition der Cranach-Malerwerkstatt in Wittenberg endete erst mit dem Tod des Urenkels von Lucas Cranach dem Älteren im Jahre 1645.

Eine Bürgerinitiative rettete 1989 die Cranachhöfe vor dem völligen Verfall. Heute ist es wieder möglich, an diesem geschichtsträchtigen Ort Künstlern bei der Arbeit zuzusehen oder in Kursen selbst schöpferisch tätig zu werden.

Adresse Markt 4, Schlossstraße 1, 06886 Lutherstadt Wittenberg, www.cranach-stiftung.de | Anfahrt A 9, Ausfahrt Coswig, dann die B 187 bis Wittenberg-Zentrum | Öffnungszeiten Mai–Okt. Mo–Sa 10–17 Uhr, So 13–17 Uhr, Nov.–April Di–Sa 10–17 Uhr, So 13–17 Uhr | Tipp Hotel kann jeder. Übernachten Sie wie die Künstler in der Cranach Herberge (Schlossstraße 1).

# 50 Der Elberadweg

*Einfach genießen*

»Nichts ist vergleichbar mit der einfachen Freude, Rad zu fahren.« So die Meinung von John F. Kennedy. Und wer wollte dem ehemaligen US-Präsidenten da widersprechen? Radfahren ist gesund, macht keinen Lärm und ist emissionsfrei. Der schönste Radweg Deutschlands ist der Elberadweg. Auf einer Länge von fast 1.300 Kilometern begleitet er die Elbe von der Quelle im tschechischen Teil des Riesengebirges bis nach Cuxhaven, wo sie in die Nordsee mündet. 360 Kilometer davon verlaufen durch Sachsen-Anhalt. Die sind natürlich die allerschönsten. Idyllische Flussauen, Störche und Kraniche, die auf Wiesen rasten, dazu die ständige Aussicht über die malerische Flusslandschaft. Sie werden selbst ins Schwärmen geraten.

Die 360 Kilometer werden nur wenige Radler an einem Tag bewältigen (wollen), weshalb es sich anbietet, die Strecke in Etappen zu teilen. Die Etappe von Wittenberg nach Dessau-Roßlau ist besonders spektakulär. Auf ungefähr 35 Kilometern werden Ihnen neben der Landschaft auch drei Weltkulturerbe-Stätten geboten: das Bauhaus Dessau, das Gartenreich Dessau-Wörlitz und die Lutherstätten in Wittenberg.

Mitten auf dem Marktplatz von Wittenberg geht's los. Sie kommen vielleicht gerade von der Schlosskirche, haben sich dort alle 95 Thesen eingebimst und tragen diese nun fehlerfrei Luther persönlich vor, dessen Denkmal neben dem von Melanchthon steht. Zufrieden steigen Sie nun aufs Rad und rollen gemütlich in Richtung Coswig. Um zum Wörlitzer Park zu gelangen, setzen Sie in Coswig mit der Fähre über die Elbe über. Das ist schon ein Erlebnis für sich. Der Wörlitzer Park ist sowieso einmalig und wird in diesem Buch auf mehreren Seiten gewürdigt.

Nun geht es weiter durch das Gartenreich Dessau-Wörlitz in Richtung Dessau. Bleiben Sie ein, zwei Tage – es gibt viel zu entdecken. Zum Abschied gönnen Sie sich noch eine Fassbrause vom direkt am Kornhaus gelegenen Kiosk.

Adresse Start: Marktplatz, 06886 Lutherstadt Wittenberg, www.elberadweg.de | Anfahrt am besten mit dem Rad über den Elberadweg | Öffnungszeiten das ganze Jahr über zugänglich | Tipp Im Coswiger Ortsteil Buro können Sie ein Kreuzritter-Gut besichtigen.

# 51 Das Haus der Geschichte

*Ist ja alles so schön bunt hier!*

Wir befinden uns im Jahr 2012 nach Christus. Die ganze DDR ist von der Bundesrepublik besetzt. Die ganze DDR? Nein, ein Museum in Wittenberg hört nicht auf, dem Eindringling (kulturell) Widerstand zu leisten. Das »Haus der Geschichte« präsentiert originalgetreu gestaltete Wohnräume der DDR. Es ist ein Museum der DDR-Alltagskultur. Und die ist mit der Wende noch schneller verschwunden, als Beate-Uhse-Läden eröffnen konnten.

Alles, was 40 Jahre lang das Leben ausmachte, stand nach der Wende als Sperrmüll an der Straße. Die Schrankwand »Karat 2000« – weg, der Sternrecorder – weg, die Waschmaschine »WM 66« – nur raus damit. Man konnte das Zeug einfach nicht mehr sehen. Beim Rundgang durch das »Haus der Geschichte« stellt man nun fest, dass diese Gegenstände eben kein Zeug waren. Sie tragen alle ein Stück verloren gegangene Geschichte in sich. Die Schrankwand wurde über Jahre mühselig vom Ehekredit bezahlt. Den Sternrecorder hat man sich stolz vom Jugendweihe-Geld gekauft und darauf für die erste große Liebe »Stairway to Heaven« mitgeschnitten. Und hat man nicht zum Brigadeabend 1983 in der Waschmaschine »WM 66« sogar die Bockwürste heiß gemacht? Diese Geschichten fallen einem wieder ein, wenn man durch das Wittenberger »Haus der Geschichte« spaziert. Deshalb hört man immer wieder Sätze wie »Nein, das gibt's doch nicht!« und »Guck mal, Else, da steht unsere Dagmar!«. Ja, die gute alte Klappcouch »Dagmar«. Da konnte es schon mal passieren, dass in der Nacht das Kopfteil wegklappte.

Tauchen Sie ein in Ihre eigene Geschichte (oder in die Geschichte Ihrer Ostverwandtschaft). Zeigen Sie Ihren Kindern und Enkelkindern, wie man in der DDR lebte. Kehren Sie noch einmal in eine typische Gaststätte zurück und schütteln sich bei dem Gedanken daran, einen doppelten »Blauen Würger« zu kippen. Machen Sie einen Ausflug in den überraschend bunten Alltag eines verschwundenen Landes.

**Adresse** Schlossstraße 6, 06886 Lutherstadt Wittenberg, www.pflug-ev.de | **Anfahrt** A 9, Ausfahrt Coswig,dann die B 187 bis Wittenberg-Zentrum | **Öffnungszeiten** Di – So und Feiertage 10 – 18 Uhr, 1. Nov.–28. Feb. Di – So 10 – 17 Uhr | **Tipp** Im Haus läuft außerdem die Sonderausstellung »Wegzeichen – Zeitzeichen« über Deutsche und Russen im Alltag vom Ende des Zweiten Weltkriegs bis 1993, die auch sehr interessant ist.

# 52 Das Lutherhaus

*Herr Käthe*

In der heutigen Collegienstraße 54 wurde Geschichte geschrieben. Dieses Haus in Wittenberg war fast 35 Jahre die Hauptwirkungsstätte des Reformators Martin Luther. Hier lebte er ab 1508 erst als Mönch und ab 1525 zusammen mit seiner Familie. In dem ehemaligen Augustiner-Eremitenkloster trafen sich Luthers Studenten und Mitstreiter. An seinem Tisch wurden hitzige Diskussionen geführt. Im Hörsaal hielt der wortgewaltige Theologe mitreißende Vorlesungen. In seinem Arbeitszimmer entstanden die berühmten Thesen.

Und bei all diesen weltbewegenden Unternehmungen war Luther nicht abgelenkt von den banalen Anforderungen des Alltags. Dafür hatte er seine Frau, Katharina von Bora, die von ihm liebevoll »Herr Käthe« genannt wurde, denn sie führte im Hause Luther ein strenges Regiment.

Dabei war sie extrem fleißig. Ab morgens um vier Uhr fütterte sie die Schweine, Kühe, Kälber und Hühner. Sie war Bäuerin, Imkerin, bewirtschaftete den Garten, braute Bier und bekam nebenbei sechs Kinder. Sie verköstigte die Studenten und Gäste ihres Mannes, half ihm über seine Nierenprobleme hinweg und linderte seine Gicht. Was wäre Luther ohne seine Frau gewesen? Was hätte er tatsächlich geschafft, wenn sie den Depressiven nicht dauernd seelisch wieder aufgerichtet hätte? Vielleicht wäre die Reformation einfach in Wittenberg geblieben, eine lokale Erscheinung, eine Fußnote in den Geschichtsbüchern? Dem Papst hätte es gefallen.

Im sogenannten Lutherhaus befindet sich heute das weltweit größte reformationsgeschichtliche Museum der Welt. Die Dauerausstellung »Martin Luther – Leben, Werk und Wirkung« zählt auf über 1.800 Quadratmetern mehr als 1.000 Exponate. Neben Gemälden, einem Ablasskasten und der Predigtkanzel Luthers aus der Stadtkirche ist auch die in Wittenberg gedruckte Erstausgabe der von Lucas Cranach illustrierten Lutherbibel zu sehen.

**Adresse** Collegienstraße 54, 06886 Lutherstadt Wittenberg, www.martinluther.de | **Anfahrt** A 9, Ausfahrt Coswig, dann die B 187 bis Wittenberg-Zentrum | **Öffnungszeiten** April–Okt. täglich 9–18 Uhr, Nov.–März Di–So 10–17 Uhr | **Tipp** Wer auf den Spuren von Luther wandelt, kommt an Melanchthon nicht vorbei. Sie finden sein Haus in der Collegienstraße 60.

# 53 Luthers Grab

*Death is not the end*

Am 18. Februar 1546 um 2. 45 Uhr stirbt Martin Luther in seiner Geburtsstadt Eisleben. Sein Leichnam wird nach Wittenberg überführt und dort am 22. Februar 1546 in der Schlosskirche vor der Kanzel beigesetzt. Martin Luther ruht seitdem 2,40 Meter tief im Erdboden. Die von ihm angestoßene Reformation endete nicht mit seinem Tod. »The death is not the end«, singt Bob Dylan. Der Tod ist nicht das Ende. Im Falle von Martin Luther, kann man sagen, stimmt das. Seine Lehre wirkt bis heute.

Die Schlosskirche bildet den Nordostflügel der einstigen Wittenberger Schlossanlage. Sie wird 1503 zunächst als katholische Schloss- und Stiftskirche »Allerheiligen« geweiht. 1525 werden die Messen abgeschafft, und der evangelische Gottesdienst wird eingeführt. Heute ist sie Anziehungspunkt für Menschen aus der ganzen Welt. Bis zu 180.000 Gäste strömen jedes Jahr in die Kirche, und alle wollen sie sie sehen, die berühmte Tür, an die Martin Luther seine Thesen schlug.

Am 31. Oktober 1517 hängt Martin Luther 95 Thesen, unter anderem gegen das Schüren der Angst vor dem Fegefeuer und den Missbrauch des Ablasshandels, ans Hauptportal der Schlosskirche. Die Schlosskirche ist in jener Zeit auch die Wittenberger Universitätskirche und ihr Portal eine Art Schwarzes Brett. Luther betrachtet seine Tat als Auftakt zu einem der üblichen akademisch-theologischen Streitgespräche. Tatsächlich ist die Veröffentlichung der Thesen eines der bedeutendsten Ereignisse in der Frühen Neuzeit. Ihr Inhalt ist ein geistiger Sprengsatz, der in der Folge zur Trennung innerhalb der abendländischen Kirche führt.

Neben Martin Luther liegt sein Mitstreiter Philipp Melanchthon begraben. Der sagte einst: »Wir sind dazu geboren, uns im Gespräch einander mitzuteilen.« Vielleicht gilt das über den Tod hinaus, und die zwei Geistesgrößen führen ihre Gespräche bis in alle Ewigkeit fort.

Adresse Schlosskirche, 06886 Lutherstadt Wittenberg, www.schlosskirche-wittenberg.de | Anfahrt A 9, Ausfahrt Coswig, dann die B 187 bis Wittenberg-Zentrum | Öffnungszeiten 1. Jan. – 30. März Mo – Sa 10 – 16 Uhr, So 11.30 – 16 Uhr (10 Uhr Gottesdienst) | Tipp Der Aufstieg ist anstrengend, aber die Aussicht von der 52 Meter hohen Plattform des Kirchturms entschädigt dafür.

# 54__Die Werkssiedlung

*Moderne Wohnkultur*

»Biete zwei Zimmer, Küche, kein Bad, kein WC, immer finster und ständig feucht in überfüllter Mietskaserne für riesige Arbeiterfamilie.« So hätte eine typische Wohnungsanzeige vor dem Ersten Weltkrieg aussehen können. Die Wohnungsnot in den Städten war durch die Industrialisierung so groß, dass viele sich ihr Bett im Schichtbetrieb mit einem sogenannten Schlafburschen teilen mussten. Für diese unwürdigen Bedingungen ging trotzdem fast ein Drittel des Monatsgehalts drauf. Das führte natürlich zu sozialen Spannungen. Als Reaktion darauf entstanden an den Industriestandorten Werkssiedlungen, wie ab 1916 die in Piesteritz.

Die Siedlung wurde nach Plänen von Paul Schmitthenner und Otto Rudolf Salvisberg für etwa 2.000 Beschäftigte des Stickstoffwerks errichtet. Die neuen Häuser waren ein kleiner Schritt für die Menschheit, aber ein riesiger Sprung für eine Arbeiterfamilie. Plötzlich schliefen sie in luftigen Räumen, badeten in fest installierten Wannen und konnten in ihrem Garten Gemüse anbauen. Sie konnten endlich ein menschenwürdiges Leben führen und mussten dafür weniger Geld ausgeben als jemals zuvor. Die neue Siedlung hatte ein eigenes Rathaus, das Kauf- und Vereinshaus »Feierabend«, eine Schule und das Damenheim für die unverheirateten Sekretärinnen. Was sicher auch für die unverheirateten Arbeiter ein beliebter Anlaufpunkt war.

1986 stellte die DDR die Siedlung unter Denkmalschutz. Dennoch sollte sie nach der politischen Wende in Einzelstücken verkauft werden. Eine Gemeinschaftsaktion des Bauhaus Dessau, der Stadt Wittenberg, der Eigentumsgesellschaft und der Bewohner konnte dieses Schicksal verhindern. Mehr noch, die denkmalgerechte Sanierung der Anlage wurde ein Projekt der Weltausstellung EXPO 2000.

Heute ist die Werkssiedlung Piesteritz die größte autofreie Siedlung Deutschlands und vielleicht auch die schönste ihrer Art.

Adresse Piesteritz, Karl-Liebknecht-Platz 20, 06886 Lutherstadt Wittenberg | ÖPNV von Wittenberg Bus 300, Haltestelle Bergstraße | Anfahrt über die B 187 (Dessauer Straße) | Tipp Mögen Sie bunte Flattermänner? Dann wird Sie der Alaris Schmetterlingspark in der Rothemarkstraße 131 in Piesteritz begeistern.

# 55 Die Figur der Mechthild von Magdeburg

*Alles fließt*

Am nördlichen Ende des Fürstenwalls steht eine Frau auf einem Sockel: Mechthild von Magdeburg, Engel der Armen und bedeutende deutsche Mystikerin des Hochmittelalters. Die Stadt im Rücken, blickt sie gütig lächelnd zur Elbe. Das Kristall greift Mechthilds bildhafte Sprache und Gedankenwelt auf. Wie Mechthild in ihrem Buch vom »fließenden Licht der Gottheit« erzählt, so wird die Skulptur heute vom Licht der Sonne durchdrungen. Erschaffen wurde die Figur von der kanadischen Bildhauerin Susan Turcot.

Mechthild wird um 1207 auf einer Burg in der Nähe der Stadt geboren. Mit zwölf Jahren hat sie erste Visionen. 1230 zieht sie nach Magdeburg, aus Liebe zu Gott. Sie wird eine weltliche Ordensfrau und schließt sich der Armutsbewegung an. Mechthild ist Anhängerin einer Neuerungsbewegung, die auf Macht und Reichtum verzichtet, um sich den Armen und Hilfsbedürftigen zu widmen. Sie wird eine Art Mutter Theresa, engagiert sich in der Krankenpflege und macht Sozialarbeit. Immer wieder hat sie in dieser Zeit mystische Erlebnisse. Dafür muss man heute schon ordentlich LSD einwerfen. Ab 1250 beginnt sie mit der Aufzeichnung ihrer Erfahrungen. Mitte des 13. Jahrhunderts lebt Mechthild ohne Ehemann, vom eigenen Geld und unter gleichgesinnten Frauen in der Stadt. Sie liest und schreibt selbst Bücher, und das auch noch in der verachteten Sprache des Volkes. Zu sagen, dieses emanzipierte, freie Leben hätte die Würdenträger provoziert, wäre maßlos untertrieben. Erschöpft von ewigen persönlichen Angriffen zieht sie sich in das Kloster Helfta zurück. Zu ihrer eigenen Überraschung erlebt sie dort einen zweiten literarischen Frühling.

Mechthilds Leben war eine aufregende Reise. Sie können auf einer Reise durch Magdeburg Station an ihrer gelungenen Skulptur machen.

**Adresse** Fürstenwall, 39104 Magdeburg | **ÖPNV** Straßenbahn 2, 5, 9, Haltestelle Domplatz | **Anfahrt** A 2, Ausfahrt Magdeburg-Zentrum | **Tipp** Der ehemalige Bahnsteig an der Elbuferstraße wurde nur für Kaiser Wilhelm gebaut.

# 56 Das Grab der Editha

*Direkt vor der Nase*

Über Generationen hatte man in Magdeburg keine Ahnung, wo sich das Grab der ersten Frau von Otto I. befand. Der Frau, die er jung, bereits im Jahre 946, verloren hatte, der er Magdeburg zum Geschenk gemacht und von der er sich gewünscht hatte, eines Tages neben ihr beigesetzt zu werden. Wo war das Grab von Königin Editha?

Im Dom, und zwar in unmittelbarer Nähe zu Ottos Grab! Seit 500 Jahren war es an derselben Stelle unter einer Steinplatte, auf der auch noch der Name der Königin stand. Aber das war den Archäologen zu einfach. Sie nannten es ein »Scheingrab«, nach dem Motto: Nur weil Editha draufsteht, muss sie ja nicht drinliegen. Vielleicht hätte man mal einfach reingucken sollen. Das geschah erst Ende 2008, und das auch nur zufällig. Dort, wo sich heute der Dom erhebt, stand bis 1207 das Mauritiuskloster, das Otto I. 937 gegründet hatte. Das vermutete man bis 2001 auch woanders, bis man bei Grabungen am Dom auf dessen Fundamente stieß. Im November 2008 hob man die Steinplatte von Edithas »Scheingrab« ab, um weiter nach Fundamenten zu suchen, und fand einen Bleisarg. Der enthielt Gebeine. Und jetzt raten Sie mal, wessen Gebeine? Genau, die von Editha, die seit 1510 genau dort ruhten. Aber wie fand man das heraus? Von Verwandten konnte Editha ja nicht mehr identifiziert werden.

Die Archäologen schickten Edithas Zähne nach England. Überraschenderweise konnte ihr Zahnarzt nicht mehr ausfindig gemacht werden. Aber mit einer aufwendigen Zahnuntersuchung konnte man genau feststellen, wann und wo Editha aufgewachsen war. Die Entdeckung war eine Sensation und machte sie in Magdeburg zu einer Art Lady Diana des Mittelalters.

Am 22. Oktober 2010 nahmen Hunderte Magdeburger im Dom an Edithas erneuter Beisetzung teil. Die kann man zur Not fragen, falls man noch mal vergessen sollte, wo sich Edithas Grab befindet.

**Adresse** Magdeburger Dom, Am Dom 1, 39104 Magdeburg, www.magdeburgerdom.de | **ÖPNV** mit der Bahn bis Hauptbahnhof, weiter mit der Straßenbahn 2, 5, 9, 10, 92, Haltestelle Domplatz | **Anfahrt** A 2, Ausfahrt Magdeburg-Zentrum | **Öffnungszeiten** Mai–Sept. 10–18 Uhr, Okt. 10–17 Uhr, Nov.–März 10–16 Uhr, April 10–17 Uhr, So und kirchliche Feiertage erst ab 11.30 Uhr | **Tipp** Erleben Sie eines der vielen Orgelkonzerte im Dom. Nähere Infos finden Sie unter www.magdeburgerdommusik.de.

# 57 Der Jahrtausendturm

*Wer? Wie? Was?*

Wie funktioniert ein Stirling-Heißgasmotor? Was ist eine Fixsternparallaxe? Wie sieht es in einer Alchimistenküche aus? Und warum purzeln wir nicht einfach von der Erde? Wenn Sie diese Fragen so beantworten können, dass Zehnjährige Sie verstehen, waren Sie bestimmt schon im Jahrtausendturm, dem Wahrzeichen des Elbauenparks. Auf fünf Etagen erklären 400 Exponate chronologisch 6.000 Jahre menschliche Wissenschaft. Und das so anschaulich, dass auch Physik-Ignoranten und Mathe-Verweigerer ihren Spaß haben. 150 der Exponate kann man anfassen und ausprobieren. Der ganze Turm ist eine interaktive Reise durch die Geschichte menschlicher Erfindungen. Sie können Wasserrad treten, in Spiegelschrift schreiben, Düfte erkunden oder im »magischen Raum« die optischen Perspektiven auf den Kopf stellen. Anfassen ist hier nicht nur erlaubt, sondern ausdrücklich erwünscht.

Von Etage zu Etage erleben Sie die Entwicklung der Wissenschaft: von der Einbalsamierung ägyptischer Mumien bis zur modernen Gentechnik, von der Erfindung des Buchdrucks bis zur Entdeckung des Mikrokosmos. Sehen Sie sich alles auf einmal an, oder kommen Sie immer wieder. Ich verspreche Ihnen, Sie werden jedes Mal etwas Neues und Spannendes aufspüren.

Wem nach fünf Etagen Wissenschaft der Kopf qualmt, der kann sich auf der sechsten Etage den Bereich zwischen den Ohren wieder freipusten lassen. Nach 243 Stufen bietet sich auf 43 Meter Höhe ein sensationeller Blick auf den Elbauenpark. Mit seiner Gesamthöhe von 60 Metern ist der Jahrtausendturm der höchste Holzturm Deutschlands.

Die Magdeburger verdanken diesen Turm der Bundesgartenschau von 1999. Der Schweizer Bildhauer Johannes Peter Staub lieferte dafür das künstlerische Gesamtkonzept: ein Turm aus dem nachwachsenden Rohstoff Holz und in seinem Inneren eine Ausstellung über 6.000 Jahre Entwicklung von Mensch und Technik.

**Adresse** Tessenowstraße 7, 39114 Magdeburg, www.jahrtausendturm-magdeburg.de | **ÖPNV** Straßenbahn 5, Haltestelle Messegelände oder Straßenbahn 6, Haltestelle Herrenkrug | **Anfahrt** A 2, Ausfahrt Magdeburg-Zentrum | **Öffnungszeiten** April Di – So und Feiertage 10 – 18 Uhr, Mai – Sept. Di – So und Feiertage 10 – 18 Uhr, Okt. Di – So Feiertage 10 – 18 Uhr, Nov. – März geschlossen | **Tipp** Interessant ist der Kugelfänger in der Mitte des Elbauenparks, der so heißt, weil er den sowjetischen Soldaten tatsächlich als Kugelfang diente.

# 58 Das Kunstmuseum

*Von Norbert (von Xanten) bis David (Lynch)*

Norbert von Xanten war – salopp formuliert – ein religiöser Hippie. Mit seinen Jüngern und Jüngerinnen zog er ohne jegliche Habe durchs Land, genau wie sein Vorbild Jesus. Aber anders als dieser gab er nicht sein Leben, sondern nur das einfache Dasein als Wanderprediger auf. Er wurde Erzbischof von Magdeburg. Norberts radikaler Wechsel vom »Wasserprediger« zum »Weintrinker« stürzte seine Glaubensgemeinschaft in eine tiefe Sinnkrise. Für Magdeburg war es ein Geschenk. Als Erzbischof gründete Norbert 1129 das Prämonstratenserkloster. 900 Jahre später weht wieder der freie Geist von Norberts frühen Jahren durch die Hallen. Im ehemaligen Kloster ist heute die zeitgenössische Kunst zu Hause.

Das Museum reizt die Sinne auf dreifache Weise. Hier bilden Skulpturen aller Epochen, moderne Kunst und romanische Architektur eine einmalige Verbindung. Es gibt wechselnde Ausstellungen von Künstlerinnen und Künstlern aus der ganzen Welt. Daneben sammelt das Museum Arbeiten von jungen Kreativen aus Sachsen-Anhalt.

Die Werke werden in den drei Gewölben des Nordflügels ausgestellt. Im oberen Tonnengewölbe ist eine Auswahl internationaler Kunst der Gegenwart zu sehen. Es wird ein breites Spektrum präsentiert, da ist für jeden Geschmack etwas dabei. Im mittleren und unteren Gewölbe erleben Sie Skulpturen von der klassischen Antike über das Mittelalter bis hin zur Bildhauerkunst des frühen 20. Jahrhunderts.

1989 entstand der Skulpturenpark, der das Museum umgibt. Über 60 Werke stehen nicht einfach nur in der Landschaft, sie verändern den Raum. In der DDR gefertigte Bronzeplastiken wie die von Jenny Mucchi-Wiegmann korrespondieren mit zeitgenössischen Werken von Nathan Coley, um nur ein Beispiel zu nennen. Seit 2006 ist das Museum durch einen Rundweg von allen Seiten für Besucher zugänglich. Ein Highlight ist der Kreuzgang mit über 32 Arkaden.

**Adresse** Regierungsstraße 4–6, 39104 Magdeburg, www.kunstmuseum-magdeburg.de | **ÖPNV** Straßenbahn 2 und 10, Haltestelle Leiterstraße, von dort circa 3 Minuten zu Fuß | **Öffnungszeiten** Di–Fr 10–17 Uhr, Sa, So 10–18 Uhr | **Tipp** Nehmen Sie ein Getränk in der Schweizer Milchkuranstalt Fürstenwall ein.

# 59 Die Paradiesvorhalle

*Wer vergesslich ist, den bestraft der liebe Gott*

Im nördlichen Querhaus des Magdeburger Doms befindet sich die Paradiesvorhalle. Adam und Eva sind dort nicht zu sehen, stattdessen zehn Jungfrauen, fünf kluge und fünf törichte. Klug muss man nicht erklären, aber das Adjektiv töricht wird heute nur noch selten verwendet. Es bedeutet so viel wie gedankenlos oder unbedacht. Die Figuren aus der Zeit um 1250 gelten als Meisterwerke der mittelalterlichen Bildhauerkunst. Völlig zu Recht. Sehr elementare Gefühle werden hier extrem plastisch zum Ausdruck gebracht. Die klugen Jungfrauen strahlen vor Freude. Sie machen das von still verhalten bis hin zu euphorisch. Die Gesichter der Törichten dagegen erzählen von großem Entsetzen und völliger Verzweiflung. Der mittelalterliche Betrachter sah darin seine ureigenen Gefühle und Ängste widergespiegelt.

Die Geschichte der Jungfrauen ist ein Gleichnis aus der Bibel. Zehn Jungfrauen gehen mit Lampen unterm Arm Jesus entgegen. Fünf von ihnen mit Öl für die Lampe, fünf ohne Öl. Die Nacht bricht an, alle Jungfrauen knacken ein. Dann kommt er, der Herr Jesus, aber nur die mit genug Öl in der Lampe können ihn in der Dunkelheit finden. Die anderen müssen erst Öl kaufen und kommen natürlich zu spät. Jesus zeigt ihnen die kalte Schulter, deshalb die Verzweiflung in ihren Gesichtern.

Heute sieht man so große Verzweiflung in den Gesichtern junger Frauen höchstens noch, wenn sie zu spät zur Autogrammstunde von Justin Bieber kommen.

Im Mittelalter symbolisierten die klugen Jungfrauen die christliche Seele, die sich in fünffacher Weise tugendhaft Gott zuwendet. Die törichten Jungfrauen standen für fünf Arten der fleischlichen Lust. Jungfrauen und fleischliche Lust? Von mir aus kann jeder glauben, was er will. Fest steht, dass die zehn Figuren der törichten und klugen Jungfrauen ein absolutes Glanzstück der mittelalterlichen Bildhauerkunst sind.

**Adresse** Magdeburger Dom, Am Dom 1, 39104 Magdeburg | **ÖPNV** Straßenbahn 2, 5, 9, Haltestelle Domplatz | **Anfahrt** A 2, Ausfahrt Magdeburg-Zentrum | **Öffnungszeiten** Mai – Sept. 10 – 18 Uhr, Okt. 10 – 17 Uhr, Nov. – März 10 – 16 Uhr, April 10 – 17 Uhr, So und kirchliche Feiertage ab 11.30 Uhr | **Tipp** Sie sollten sich unbedingt das Hundertwasserhaus anschauen (Breiter Weg 10).

# 60__Die Sket-Passage

*Von der Schwermaschine zum Chip*

Am 13. März 1862 kaufte Rudolf Wolf in Magdeburg-Buckau ein Grundstück und gründete dort die Firma »Maschinenfabrik R. Wolf«. Schon kurze Zeit später ließ er dort die »Lokomobile Nr. 1«, Deutschlands erste Dampfmaschine auf Rädern, fertigen. Rudolf Wolfs Maschinenfabrik gilt als Keimzelle des Magdeburger Maschinenbaus. Es entstanden viele Betriebe. Die Gießereien, Großschmieden und Walzwerke zogen immer mehr Arbeitskräfte an. Von diesem Geist der Gründerzeit lebte die Stadt viele Jahre.

Am Ende des Zweiten Weltkriegs waren 80 Prozent der Magdeburger Industriebetriebe zerstört. Aus der Maschinenfabrik Krupp-Gruson wurde die Sowjetische Maschinenbau AG (SMAG). Daraus ging später der VEB Schwermaschinenbau »Ernst Thälmann« hervor. Im Zusammenschluss mit anderen Betrieben wurde daraus schließlich das berühmte VEB Schwermaschinenbau-Kombinat »Ernst Thälmann«, kurz Sket. 30.000 Menschen arbeiteten 1989 unter dem Dach der Sket, davon 13.000 in Magdeburg. Sket war der Stolz der Stadt. Auch wenn die Arbeiter an uralten Maschinen und Gießkränen gegen den Zahn der Zeit ankämpfen mussten.

Das Ende der Planwirtschaft führte zum Aus für das Kombinat. Seit 1997 gibt es in Magdeburg wieder einen Betrieb, der unter dem Namen »Sket« produziert. Aber der konnte den Verlust von Fachkräften nicht auffangen. Europa hatte als Industriestandort an Bedeutung verloren, bis die Pandemie die Anfälligkeit von globalen Lieferketten offenbarte. Magdeburg profitiert von der Krise. Der Chip-Fabrikant Intel plant eine Gigafabrik auf einem Grundstück vor Buckau. 150 Jahre nach Rudolf Wolf und seiner mobilen Dampfmaschine könnte in Magdeburg eine neue Gründerzeit beginnen. Diesmal digital.

An Sket erinnert nur noch die historische Fassade. Dahinter ist ein Einkaufszentrum entstanden. Wo heute die Konsumenten ihre Autos parken, war früher ein riesiger Industrieofen.

Adresse Schönebecker Straße 65, 39104 Magdeburg | ÖPNV Straßenbahn 2, Haltestelle Buckau (Wasserwerk) | Öffnungszeiten Fassade rund um die Uhr zu besichtigen | Tipp Besuchen Sie die Aussichtsplattform der Johanniskirche auf 52 Meter Höhe in der Johannisbergstraße 1.

# 61 Das Steinzeitdorf Randau

*Lebst du nur, oder wohnst du schon?*

Die Jungsteinzeit ist die Epoche, in der aus Jägern und Sammlern Hirten und Bauern wurden. Grund war das Klima. Die Vegetation änderte sich, wilde Getreidearten wurden erfolgreich zu Nutzpflanzen veredelt. Größere Siedlungsgemeinschaften wie das Steinzeitdorf in Randau entstanden.

Die neuen Lebensgewohnheiten leiteten eine rasante Entwicklung ein. Für die Aufbewahrung der Vorräte brauchten die sesshaften Menschen Gefäße. Also begannen sie zu töpfern. Das geerntete Korn wurde gemahlen, Kleidung aus Flachs und Wolle gewebt. Für die Jagd wurden Pfeil und Bogen erfunden. Aus Feuerstein fertigten sie die Pfeilspitzen und Klingen für Äxte oder Messer. Der Bogen für die Jagd wurde mit Tiersehnen gespannt. Die Menschen spezialisierten sich. Es gab Jäger, Tierzüchter, Feuersteinschläger, Schmuckperlenhersteller, Getreidebauern, Töpfer – und alle Berufe natürlich auch mit weiblicher Endung. Es bildete sich eine gesellschaftliche Elite heraus. Das belegen entdeckte Grabbeigaben.

Die Hirten und Jägerinnen zogen zwar nicht mehr mit Sack und Pack umher, die Neugier auf die Menschen hinter dem nächsten Wald blieb aber bestehen. Auf Handelsreisen wurden zum Teil weite Strecken zurückgelegt. Reisende waren damals das soziale Medium. Sie lieferten den Stoff, aus dem nach der Rückkehr Geschichten gestrickt wurden.

Nach einem Besuch im Freilichtmuseum Randau werden auch Sie einiges erzählen können. Das Steinzeitdorf besteht aus Häusern, Nebenhäusern und einer Befestigungsanlage, darunter die Nachbildung des ältesten in der Region gefundenen Langhauses. Das Original wurde vor über 7.300 Jahren errichtet, 3.000 Jahre vor den ägyptischen Pyramiden. In dem fensterlosen Lehmgebäude mit Schilfdach lebte eine Sippe von rund 30 Personen mit ihren Haustieren. Der Wunsch nach Intimsphäre war noch nicht geboren, und von Hygiene sprach man erst im antiken Griechenland.

Adresse Müllerbreite 40, 39114 Magdeburg, www.steinzeitdorf-randau.de | ÖPNV Straßenbahn 4, Haltestelle Pechauer Platz, dann mit Bus 56 bis Haltestelle Müllerbreite in Magdeburg-Randau, von dort circa 3 Minuten zu Fuß in Richtung Kreuzhorst | Öffnungszeiten Mai–Okt. Mo–Do 9.30–16 Uhr, Fr 9.30–15 Uhr, Sa, So und Feiertage nur auf Anfrage | Tipp Ich empfehle Ihnen einen Spaziergang im Elbauenpark in der Tessenowstraße 7.

# 62__Das Carlswerk

*Liebe beflügelt*

Vor langer, langer Zeit, als Twix noch Raider hieß und Riesen den Harz bevölkerten, lebte ein Riesenfräulein oberhalb des Selketals. Dieses Riesenfräulein liebte einen Riesenprinzen, doch der wohnte für sie unerreichbar auf der anderen Seite des Tals. Das Riesenfräulein verzehrte sich nach ihm. Als der Riesenprinz dann eines Tages aufreizend auf der anderen Seite des Tals aus seiner Burg schritt, drehte das Riesenfräulein durch. Es nahm Anlauf und sprang beherzt über die Schlucht direkt in die Arme des Geliebten. Der Ort heißt seitdem Mägdesprung.

Heute springt dort keiner mehr rum, sondern es springt einem etwas anderes direkt ins Auge, nämlich das alte Carlswerk, eines der bedeutendsten Industriedenkmäler der Region.

Ursprünglich 1646 von Fürst Friedrich von Anhalt-Bernburg-Harzgerode als »Eisenhütte unterm Mägdesprung« gegründet, war das Carlswerk bis 1989 ein Maschinenbaubetrieb des Mägdesprunger Eisenhüttenwerks. Die Maschinenausstattung im Erdgeschoss ist noch dieselbe wie am letzten Produktionstag. In der 1865 errichteten Werkhalle wurden die damals neu entwickelten Möglichkeiten des Bauwesens ausgeschöpft. Das Aufleben der Ziegelwölbetechnik und der Einsatz von Glas und Gusseisen stehen für den Aufbruch in ein neues Zeitalter der Industriearchitektur. Die Gestaltung der Eingangstür und der Fenster zitiert sogar die Palastarchitektur der italienischen Renaissance.

Im Unterschied zu den italienischen Palästen wurde im Carlswerk aber nicht geprasst, sondern gearbeitet. In der Ausstellung kann man heute auch besichtigen, womit die Menschen geschuftet haben. Mechanische Maschinen aus der ersten Hälfte des 20. Jahrhunderts geben einen guten Eindruck von der Arbeitswirklichkeit der damaligen Zeit. An den Wänden hängen noch alte Urlaubsgrüße von der Ostsee und dem Balaton. Postkarten schreiben … Lang, lang ist's her.

**Adresse** Kreisstraße, 06493 Mägdesprung, www.harzgerode.de | **Anfahrt** über die B 185, von Harzgerode weiter über die L 235 | **Öffnungszeiten** März–Okt. Mo, Do, Fr, Sa, So 11–16 Uhr; Führungen in der Stadtinformation Harzgerode unter Tel. 039484/7476703 buchbar | **Tipp** Sie sind im Harz, schnüren Sie also die Schuhe und machen Sie eine Wanderung durchs malerische Selketal!

# 63 Das Geburtshaus von Gottfried August Bürger

*Der Ritt auf der Kanonenkugel*

Molmerswende hat ungefähr 250 Einwohner und liegt zwischen Harzgerode und Hettstedt. Es ist umgeben von Natur, sehr viel Natur. Also nichts gegen Molmerswende, aber wahrscheinlich würde man es als Tourist links liegen lassen, wenn es nicht einen der phantasiereichsten Dichter Deutschlands hervorgebracht hätte: Gottfried August Bürger. Kaum jemand kennt noch seinen Namen, aber fast jeder hat schon mal von seinem berühmtesten Werk »Münchhausen« gehört. Die Jüngeren unter uns erinnern sich noch an Hans Albers, der in der ersten Verfilmung des Stoffes 1943 auf einer Kanonenkugel reitet.

Vor dem »Münchhausen« galt Gottfried August Bürger als einer der wichtigsten Vertreter des »Sturm und Drang«. Er war Begründer der deutschen Ballade und Schöpfer so schöner Worte wie Lausejunge. Theodor Fontane bewunderte Bürger für seine schaurig-schöne Ballade »Lenore«. In der ruft die Heldin aus: »O Mutter! Was ist Seligkeit? O Mutter! Was ist Hölle? Bei ihm, bei ihm ist Seligkeit, Und ohne Wilhelm Hölle!« Lenore hadert darin mit Gott und landet am Ende im Grab des geliebten Wilhelm.

Ähnlich dramatisch war auch Bürgers Leben. Er studierte auf Druck der Familie Theologie in Halle, dann freiwillig Rechtswissenschaften in Göttingen. Dort freundete er sich mit Literaten des Sturm und Drang an und suchte die Nähe zu Aufklärern. Er heiratete, verliebte sich aber in die Schwester seiner Frau. Zeitweise wohnten alle drei unter einem Dach, was damals für jede Menge Tratsch sorgte und Bürger in die Verzweiflung trieb. Nach dem frühen Tod der beiden Schwestern heiratete er ein junges Mädchen und verstieg sich in aberwitzige Eifersucht, ein Leben wie ein Roman.

1794 starb Gottfried August Bürger an Schwindsucht. An sein Leben und Schaffen erinnert das Museum in seinem Geburtshaus in Molmerswende.

Adresse Molmerswende, Hauptstraße 14, 06343 Mansfeld, www.gottfried-august-buerger-molmerswende.de | Anfahrt über die B 242 und die L 230 über Abberode, dann Richtung Molmerswende | Öffnungszeiten Mi, Sa, So 11–16 Uhr | Tipp Die berühmte Burg Falkenstein liegt in der Nähe und wartet nur auf Ihren Besuch.

# 64 Das Grab von Thietmar

*Wer schreibt, der bleibt*

Thietmar von Merseburg war der bedeutendste Geschichtsschreiber des ottonischen Zeitalters. Seine 1018 vollendete Chronik hat einen herausragenden Platz unter den literarischen Werken seiner Zeit. Thietmar war eine historische Persönlichkeit, die sich in der Chronik folgendermaßen charakterisierte: »Sieh dir doch einmal den vornehmen Herrn genau an, lieber Leser! Da erblickst du ein kleines Männlein, entstellt […]. Doch deshalb würde ich mich nicht beklagen, wenn ich stattdessen über irgendwelche inneren Vorzüge verfügte. Aber ich bin ein elender Kerl, jähzornig, zu störrisch, um Gutes zu tun, neidisch, spottsüchtig, obwohl ich eigentlich selbst ausgelacht werden sollte […]« Sich so schonungslos darzustellen zeugt von wahrer Größe und auch etwas Berechnung. Denn schon der Apostel Matthäus schrieb: »Und wer sich selbst erniedrigt, der wird erhöht.«

Thietmar entstammte dem sächsischen Hochadel. Seine Herkunft erlaubte ihm eine umfangreiche Bildung und erleichterte den Aufstieg innerhalb der Kirche. 1009 wurde er von einem Vertrauten Heinrichs II. zum Bischof von Merseburg ernannt. Heinrich II. wurde für Thietmar fast zum Freund. Seine zahlreichen Besuche in Merseburg nutzte er nicht nur für die üblichen Regierungsaufgaben, sondern auch zur Entspannung. Thietmar beschrieb, wie Heinrich II. sich in Merseburg von den Strapazen erholte.

Thietmar stand einer Diözese vor, die mehrheitlich von Slawen bevölkert wurde. Und obwohl er über die entsprechenden Sprachkenntnisse verfügte, verwendete er sie nicht, um die »ungläubigen« Slawen zu missionieren. Eine kluge Entscheidung. Viele Missionare trafen auf taube Ohren und starben den Märtyrertod.

Thietmar verfasste die Chroniken der Herrscher seiner Zeit auch aus Sorge um das eigene Seelenheil. Die Leser sollten aufgrund seiner frommen Taten für ihn beten. Jeder, der sein Grab besucht, wird auf jeden Fall an ihn denken.

Adresse Kaiserdom, Domplatz 7, 06217 Merseburg, www.merseburger-dom.de | ÖPNV vom Hbf. in 15 Minuten zu Fuß über die Bahnhofstraße, die Thilo-von-Trotha-Straße und die Domstraße durch das Krumme Tor zum Domplatz | Öffnungszeiten März–Okt. Mo–Sa 9–18 Uhr, So und kirchliche Feiertage ab 12 Uhr; Nov.–Feb. Mo–Sa 10–16 Uhr, So und kirchliche Feiertage ab 12 Uhr | Tipp Im Hof des Schlosses können Sie ein Paar der legendären Merseburger Raben kennenlernen.

# 65 Das Kulturhistorische Museum

*Eine Reise durch die Jahrtausende*

In Merseburg wurde Geschichte geschrieben. Das Kulturhistorische Museum Schloss Merseburg gibt darüber einen sehr sehenswerten Überblick. Das Schloss liegt oberhalb der Saale auf dem Gelände einer ehemaligen ottonischen Königspfalz. Der spätgotische Bau wurde in den Jahren 1470 bis 1535 als Dreiflügelanlage errichtet. Es gibt noch einen vierten Flügel, das ist der Merseburger Dom. Teile der im 17. Jahrhundert zum Renaissanceschloss umgebauten Anlage dienten schon als Kulisse für einen Hollywoodfilm.

Der Graf von Ungern-Sternberg ließ Ende des 19. Jahrhunderts sogar eine Kopie des Merseburger Schlosses bei Haapsalu bauen. Aber bevor Sie jetzt eine Reise nach Estland planen: Die Kopie ist nur noch eine Ruine.

Die Ausstellungsräume des Kulturhistorischen Museums sind über drei Etagen verteilt. Sie brauchen dafür keine Hochgebirgs-Erfahrung, sollten aber einigermaßen gut zu Fuß sein. Immerhin gilt es, auch ein paar Wendeltreppen zu erklimmen. Doch es lohnt sich. Die historischen Räume wie die gewölbten Schlosskeller im Ostflügel sind Teil der Ausstellung. Dort werden die Exponate aus der Ur- und Frühgeschichte von Merseburg anschaulich präsentiert. Der Weg führt Sie weiter über die Hofstube und durch mehrere Renaissance- und Barockräume des Nordflügels.

Die Schwerpunkte der Dauerausstellung bilden neben den Beständen der Ur- und Frühgeschichte die Regional- und Stadtgeschichte Merseburgs. Es erwarten Sie Objekte aus der Pfalz- und Bistumsgeschichte, Relikte aus preußischer Zeit sowie aus der DDR-Vergangenheit. Was die oft einzigartigen Ausstellungsstücke verbindet, ist ihr lokalgeschichtlicher Bezug. Das klingt jetzt alles sehr theoretisch. Dabei ist ein Besuch im Kulturhistorischen Museum ein sehr sinnliches Erlebnis.

Adresse Schloss Merseburg, Domplatz 9, 06217 Merseburg, www.museum-merseburg.de | ÖPNV vom Hbf. in 15 Minuten zu Fuß über die Bahnhofstraße, die Thilo-von-Trotha-Straße und die Domstraße durch das Krumme Tor zum Domplatz | Öffnungszeiten März–Okt. 9–18 Uhr, Nov.–Feb. 10–16 Uhr | Tipp Im wunderschönen Schlossgarten finden Sie Entspannung und tolle Fotomotive.

# 66 Die Willi-Sitte-Galerie

*Ausstellungen (fast) ohne Sitte*

Der Volksmund der DDR spottete über Willi Sitte: »Lieber vom Leben gezeichnet als von Sitte gemalt.« Seine expressiven, barocken Körperdarstellungen trafen nicht den Massengeschmack. Willi Sitte war ein bedeutender deutscher Künstler. Und ein von vielen gehasster Kulturfunktionär der SED. Die Merseburger Willi-Sitte-Galerie widmet sich seinem künstlerischen Nachlass. Die dahinter stehende Stiftung ist insolvent, der Galeriebetrieb geht aber glücklicherweise trotzdem weiter. Zuletzt wurden bemerkenswerte Werke von Helga Ginevra ausgestellt. Ganz muss man nicht auf Sitte verzichten, Teile seines monumentalen Werkes »Kampf und Sieg der Arbeiterklasse«, das ab 1977 die Menschen in Suhl beim Stadtbummel verstörte, sind weiter zu bewundern.

Willi Sitte wurde 1921 geboren. 1942 kam er als Wehrmachtssoldat nach Italien. Er desertierte und kämpfte sogar kurz an der Seite der berühmten Garibaldi-Truppen. Nach dem Krieg feierte er in Italien Erfolge als Maler. Die Bilder seiner ersten Ausstellung wurden alle verkauft. Kurze Zeit später verließ er Italien, das er sein Leben lang vermisste.

Halle an der Saale strahlte 1947 wahrscheinlich eher wenig italienische Lebensfreude aus. Die Stadt blieb dennoch bis zu seinem Tod 2013 Willi Sittes Heimat. Dort wurde er Professor an der Kunsthochschule Burg Giebichenstein und war wichtiger Vertreter einer aufmüpfigen und eigenwilligen Kunstszene. Ausgerechnet er, der später selbst in der Volkskammer saß und sogar Mitglied des Zentralkomitees der SED sowie Präsident des Verbandes Bildender Künstler der DDR wurde. Als Präsident verhalf er politisch missliebigen Künstlern zu Ausstellungen – und verteidigte die Ausbürgerung von Wolf Biermann.

1990 endete die DDR. Willi Sittes Werke wurden verschämt abgehängt. 2006 fanden viele davon eine neue Heimat in der nach ihm benannten Galerie. Vielleicht kommen sie ja wieder in Mode.

Adresse Domstraße 15, 06217 Merseburg, www.willisittegaleriemerseburg.de | ÖPNV vom Hbf. in 15 Minuten zu Fuß über die Bahnhofstraße, die Thilo-von-Trotha-Straße und die Domstraße durch das Krumme Tor zum Domplatz | Öffnungszeiten Mi–Fr 10–16 Uhr, Sa 13–16 Uhr, So und Feiertage 13–16 Uhr | Tipp Ein Besuch im »Deutschen Chemie-Museum« lohnt sich.

# 67 Das Zauberspruchgewölbe

*It's magic!*

War früher alles besser? Auf jeden Fall anders. So hielten es die vorchristlichen Menschen für möglich, die eigenen Kameraden mit Hilfe des folgenden Zauberspruchs aus der Gefangenschaft befreien zu können: »Einst setzten sich Idisen, setzten sich hierher … Manche hefteten Haft, manche hemmten das Heer. Einige zerrten an den Fesseln. Entspring den Haftbanden, entfahr den Feinden!« Gut, das Versmaß hakt hintenraus, aber mit der richtigen Überzeugung vorgetragen ist der Gefangene rasch befreit. Die Formel ist eine von zwei der berühmten Merseburger Zaubersprüche. Im zweiten Spruch wird über die Anrufung germanischer Götter die Heilung eines verletzten Pferdes beschworen. Das könnte auch für heutige Pferdehalter interessant sein, die vor zu hohen Tierarztkosten zurückschrecken.

Dr. Georg Waitz, ein bedeutender Herausgeber historischer Quellen, stieß 1841 in der Bibliothek des Merseburger Domkapitels auf die Zaubersprüche. Die althochdeutsche Handschrift aus dem 10. Jahrhundert ist noch immer Gegenstand der Literatur- und Sprachforschung. Woher die Zaubersprüche stammen ist genauso unbekannt wie der Name des Schöpfers oder der Schöpferin. Leider fanden Dr. Waitz und die ihm folgenden Wissenschaftler auch keine statistischen Angaben zur Wirksamkeit der Zaubersprüche. Man muss sie also selbst testen.

Nachlesen können Sie die Zaubersprüche im Zauberspruchgewölbe der Domschatzkammer. Dort sind originalgetreue Nachbildungen der berühmten Dokumente ausgestellt. Die Schatzkammer beherbergt neben den Zaubersprüchen natürlich noch andere Highlights. Zum Beispiel kann man hier die mumifizierte Hand von König Rudolf von Schwaben bestaunen. Im Jahre 1080 traf ihn in einer epischen Schlacht das Schwert im Unterleib, bevor ihm der Angreifer auch noch die Schwurhand abschlug. Offensichtlich hatte niemand den passenden Zauberspruch parat, denn der König starb.

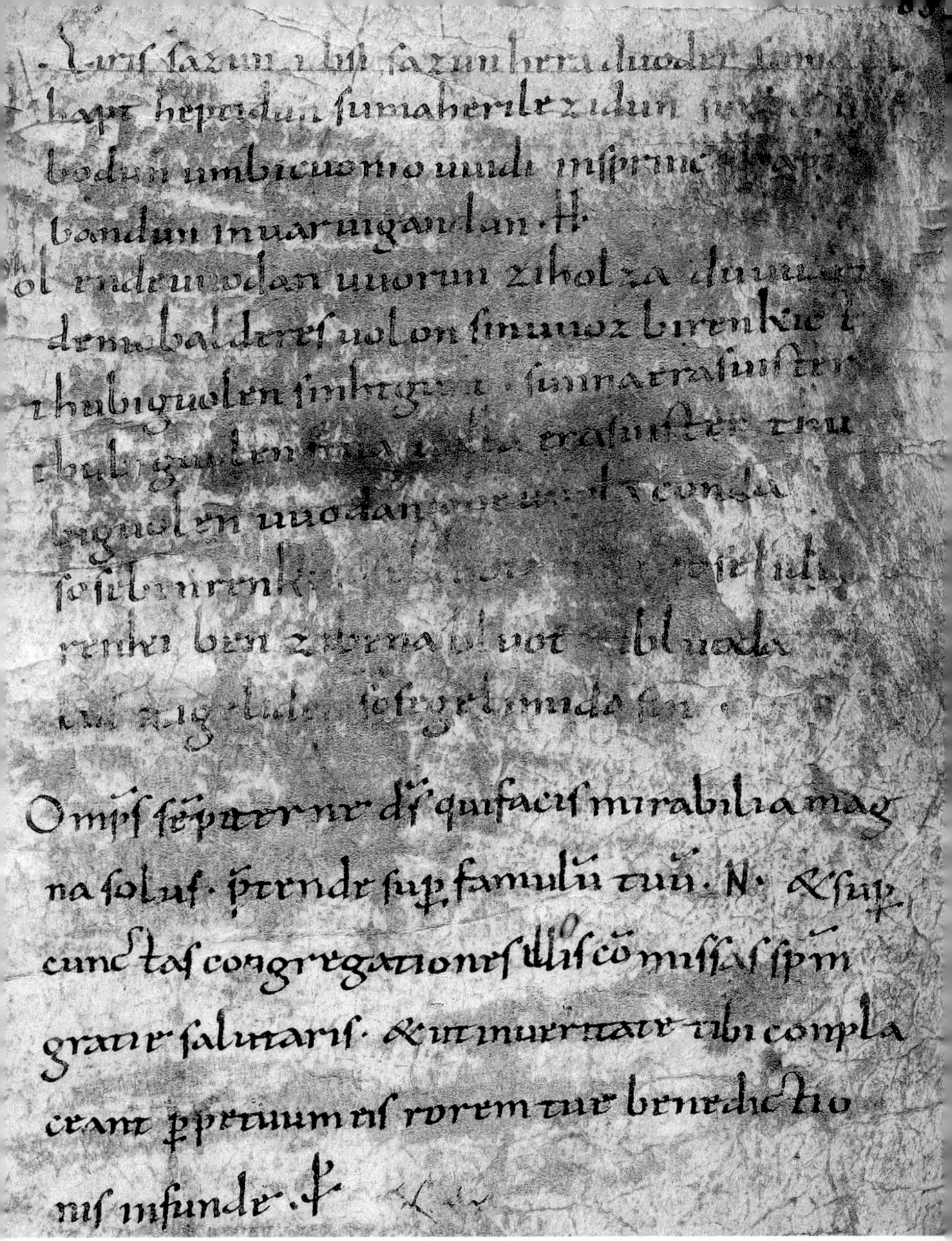

**Adresse** Kaiserdom, Domplatz 7, 06217 Merseburg, www.merseburger-dom.de | **ÖPNV** vom Hbf. in 15 Minuten zu Fuß über die Bahnhofstraße, die Thilo-von-Trotha-Straße und die Domstraße durch das Krumme Tor zum Domplatz | **Öffnungszeiten** März–Okt. Mo–Sa 9–18 Uhr, So und kirchliche Feiertage ab 12 Uhr; Nov.–Feb. Mo–Sa 10–16 Uhr, So und kirchliche Feiertage ab 12 Uhr | **Tipp** Ein Orgelkonzert im Dom ist immer ein Erlebnis. George Clooney hat's bei seinem Besuch in der Stadt auch gefallen.

# 68 Die Domfenster

*Viel Rauch für nichts*

Neo Rauch gehört zu den wichtigsten Malern der Gegenwart, seine Kunst hängt in den großen Museen der Welt, und seine Bilder werden für sehr viel Geld von Sammlern gekauft. Die von ihm gestalteten Fenster in der Elisabethkapelle des Naumburger Doms sind also von großem Wert. Doch gekostet haben sie nichts. Wie vor ihm Gerhard Richter in Köln hat Neo Rauch seine Fenster dem Naumburger Dom gestiftet. Anders als Richter hat Rauch nicht ein großes Fenster gestaltet, sondern drei kleinere Fenster in der Elisabethkapelle. Sie stellen Lebensstationen der heiligen Elisabeth von Thüringen dar und wurden 2007, im Jahre ihres 800. Geburtstags, zum ersten Mal der Öffentlichkeit gezeigt.

Zu sehen sind die Verabschiedung Elisabeths von ihrem Gatten Ludwig, Sohn des Landgrafen Hermann von Thüringen, der zum Kreuzzug aufbricht, wo er den Tod finden wird, die Mantelspende der heiligen Elisabeth und die Krankenpflege in dem von ihr in Marburg gegründeten Armenhospital. Die Fenster leuchten im Gegenlicht rubinrot. Der ein oder andere dürfte sich bei ihrer Betrachtung an sozialistische Agitprop-Plakate der Nachkriegszeit erinnert fühlen. Man könnte auch sagen, die Rauch-Fenster hauchen der Heiligenverehrung ein bisschen Leben ein.

Der Naumburger Dom entstand im ersten Drittel des 13. Jahrhunderts. Er ist berühmt für die einzigartige Kunst des sogenannten Naumburger Meisters. Seine Figur der Markgräfin Uta machte diese zur schönsten Frau und ihn zu einem der berühmtesten Künstler des Mittelalters.

In der Elisabethkapelle befindet sich die älteste Steinskulptur der heiligen Elisabeth von Thüringen. Die mittelalterliche Darstellung von Heiligen prägte über Jahrhunderte die Vorstellung der Menschen von ihnen. Neo Rauch hat sich davon freigemacht. Wer seine heilige Elisabeth in Ruhe betrachtet, wird an eine sehr starke und emanzipierte Frau denken.

**Adresse** Domplatz 16, 06618 Naumburg, www.naumburger-dom.de | **ÖPNV** mit der Bahn bis Naumburg Hbf. | **Anfahrt** A 9, Ausfahrt Naumburg, dann weiter auf der B 180 | **Öffnungszeiten** März–Okt. Mo–Sa 9–18 Uhr, So und Feiertage 11–18 Uhr, Nov.–Feb. Mo–Sa 10–16, So und Feiertage 12–16 Uhr | **Tipp** Neben anderen großartigen Exponaten können Sie im Westflügel eine Altartafel von Lucas Cranach dem Älteren bewundern.

# 69__Das Max-Klinger-Haus

*Heute top, morgen Flop!*

Das Max-Klinger-Haus liegt in einer einmalig schönen Landschaft inmitten eines Weinbergs. Von dort hat man einen phantastischen Blick auf Naumburg und die Mündung der Unstrut in die Saale.

Am 4. Juli 1920 starb der Grafiker, Maler und Bildhauer Max Klinger und wurde auf seinem Weinberg beigesetzt. Die Trauerfeier war ein gesellschaftliches Großereignis. Der Oberbürgermeister von Klingers Geburtsstadt Leipzig hielt eine Trauerrede. Namhafte Zeitgenossen und Künstler erwiesen ihm die letzte Ehre. Seine Grabstätte schmückt die lebensgroße Bronzeplastik eines knienden Athleten. Diese hatte Klinger im Jahr 1901 selbst modelliert. Für die Figur stand ihm Lionel Strongfort Modell, ein Berufsathlet, der zu jener Zeit als »moderner Herkules« mit kraftakrobatischen Vorführungen weltweit in Varietés auftrat. Max Klinger war um die vorletzte Jahrhundertwende ein weltweit bekannter Künstler. Er wurde mit zahlreichen Preisen und Auszeichnungen geehrt, darunter mit dem Orden »Pour le Mérite«, dem höchsten Orden, den die preußische Monarchie zu vergeben hatte. In dieser Zeit häuften sich bei Klinger Aufträge für monumentale Gemälde und Skulpturen. Das Bildungsbürgertum des ausgehenden Kaiserreichs liebte seine Kunst.

Nach dem Ersten Weltkrieg endete das Kaiserreich und mit ihm verschwanden auch Klingers größte Verehrer. Die Erfahrung des Kriegs und die anschließende Not brachten andere Themen und Darstellungsformen in die Kunst. Max Klinger war out. Nach seinem Tod geriet er fast vollständig in Vergessenheit.

Mit der Ausstellung »Wege zum Gesamtkunstwerk« 1984 in Hildesheim wurde das Interesse an Klingers Werk wieder geweckt. Bis heute finden teils opulent gestaltete und wissenschaftlich unterlegte Ausstellungen in ganz Deutschland statt. Im Klinger-Haus gibt eine Dauerausstellung einen umfassenden Einblick in das Leben und Schaffen des Künstlers.

**Adresse** Blütengrund 3, 06618 Naumburg-Großjena, www.mv-naumburg.de/klingerhaus | **Anfahrt** von Naumburg über die B 180 Richtung Großjena, dann rechts in den Blütengrund abbiegen | **Öffnungszeiten** 1. April – 5. Nov. Di – So 10 – 17 Uhr | **Tipp** Das barocke Felsrelief liegt auf dem Weg (durch den Blütengrund). Es erzählt biblische Geschichten rund um den Wein.

# 70 Das Nietzsche-Haus

*Wie bei Muttern!*

»Die Krähen schrei'n. Und ziehen schwirren Flugs zur Stadt: Bald wird es schnei'n. Weh dem, der keine Heimat hat!«, dichtete Friedrich Nietzsche. Ich möchte anfügen: Wohl dem, der wie Friedrich Nietzsche immer wieder seine Heimat bei Muttern hat. 1858 zog die Witwe Nietzsche mit Sohn und Tochter in ein Haus in Naumburg. Das gemietete Haus war einfach und klein und wirkt heute von außen komfortabler, als es damals war. Die Familie Nietzsche hatte nach dem Tod des Vaters wenig Geld. Friedrich Nietzsche wohnte nur kurze Zeit dort. Aufgrund seiner außerordentlichen Begabung konnte er das Internat Schulpforta besuchen. An den schulfreien Tagen zog es ihn nach Hause.

Nietzsche war vom Milieu der Mutter abgestoßen und angezogen zugleich. Zum einen machte ihn die geistige Enge wahnsinnig, zum anderen sehnte er sich sein ganzes Leben nach einem Ort, der für ihn Heimat sein konnte.

Während seiner Professur in Basel versuchte er, dort eine Frau zu ehelichen. Vielleicht scheiterten seine Freiersversuche ja an Aussagen wie dieser: »Des Mannes Art ist Wille, des Weibes Art Willigkeit.« Vielleicht störte auch einfach nur sein Walross-Schnurrbart beim Küssen. Jedenfalls verließ er Basel ohne Frau, von Migräneanfällen geplagt, um sich bei Muttern aufpäppeln zu lassen. Der große Philosoph wollte sich in Naumburg niederlassen und Obst und Gemüse anbauen. Seine Gesundheit machte ihm einen Strich durch die Rechnung. Der dunkle Winter in Naumburg gab ihm den Rest, und so machte er sich auf die Suche nach einem Ort, der ihn nicht krank machen würde. Er fand ihn nicht.

1889 erlitt Nietzsche einen Zusammenbruch, der ihn in die Irrenanstalt brachte. Ein Jahr später durfte die Mutter ihren Sohn nach Hause holen. Sie pflegte den Verwirrten in Naumburg bis zu ihrem Tod. Die letzten drei Jahre seines Lebens musste Nietzsche bei seiner Schwester verbringen.

Adresse Weingarten 18, 06618 Naumburg, www.mv-naumburg.de/nietzschehaus | ÖPNV mit der Bahn bis Naumburg Hbf. | Anfahrt A 9, Ausfahrt Naumburg, dann weiter auf der B 180 | Öffnungszeiten Di–Fr 14–17 Uhr, Sa, So und Feiertage 10–17 Uhr, an allen Feiertagen außer am 24., 25., 31. Dez. und 1. Jan. geöffnet, Sonderöffnungszeiten nach Vereinbarung | Tipp Straßenbahnliebhaber kommen bei einer Fahrt in der historischen Straßenbahn auf ihre Kosten (www.naumburger-strassenbahn.de).

# 71 Das Stadtmuseum »Hohe Lilie«

*Keusch und rein*

Die Lilie ist in der europäischen Kultur ein oft verwendetes Symbol. Bis zur Französischen Revolution zierten goldene Lilien als Zeichen des Königs die Nationalflagge des Landes. Seit der Antike steht die weiße Lilie für Reinheit und Schönheit. Die schwarze Lilie stand für Unzucht und wurde Ehebrecherinnen im Mittelalter auf die Schulter tätowiert, wahrscheinlich von Männern, die sich vorher heimlich mit ihnen vergnügt hatten.

Die »Hohe Lilie« ist weiß, also rein und schön. Die ältesten Teile des Gebäudes wurden in der Mitte des 13. Jahrhunderts gebaut. Im Schatten der Domfreiheit hatte sich in dieser Zeit um die Kirche St. Wenzel eine eigenständige Bürgerstadt herausgebildet. Ihr Zentrum war der Markt. Dort fand einmal im Jahr die »Peter-Pauls-Messe« statt, die zu den ältesten und bedeutendsten Messen Mitteldeutschlands gehört. Sie verdankt ihre Bedeutung dem Umstand, dass Naumburg am Königsweg lag. Der Königsweg, die wichtigste Ost-West-Achse des Mittelalters, verlief vom Rhein über Frankfurt und Leipzig bis nach Breslau in Schlesien.

Der blühende Handel an dieser Straße ließ den Wohlstand der Naumburger Bürger steigen. Den zeigten sie durch immer repräsentativere Bauten wie die »Hohen Lilie«. Im heutigen Museum »Hohe Lilie« widmet sich die Dauerausstellung der Geschichte der Naumburger Bürger und vermittelt einen guten Eindruck von der Vielfältigkeit ihres Alltags. Zu den wertvollsten Exponaten gehört das Ratstrinkhorn von 1376, in das ordentlich was reinpasst. Das Konzept der Ausstellung ist sehr anschaulich und absolut zeitgemäß. Die Geschichte der Naumburger Bürger wird durch interaktive Computerstationen, Diashows und wechselnde Video-Projektionen zu einem sinnlichen Erlebnis.

Die Technik ist toll, aber das Sehenswerteste ist die 750 Jahre alte »Hohe Lilie« selbst.

**Adresse** Markt 18, 06618 Naumburg, |www.mv-naumburg.de/stadtmuseum-hohe-lilie | **ÖPNV** mit dem ICE bis Naumburg Hbf. | **Anfahrt** A 9, Ausfahrt Naumburg, Richtung Zeitz/Teuchern/Osterfeld | **Öffnungszeiten** Di–Sa 10–17 Uhr | **Tipp** Machen Sie eine Weinprobe, zum Beispiel in der Naumburger Wein- und Sektmanufaktur (Blütengrund 35).

# 72__Der St.-Wenzel-Turm

*Die beste Aussicht der Stadt*

Anfang des 15. Jahrhunderts, zu einer Zeit, als die Insel Manhattan noch von Indianern durchstreift wurde, konnte man in Naumburg schon auf 45 Meter Höhe leben. Allerdings nicht in einer exklusiven Penthousewohnung, sondern in der Wohnung des Türmers im St.-Wenzel-Turm.

Dieser Türmer hatte einen schweren Job. Er musste nahende Feinde und Feuer melden, außerdem das Uhrwerk beaufsichtigen und die Glocken läuten. Und das Tag und Nacht. Ein Job, den eigentlich kein Mann allein bewältigen kann. Trotzdem dauerte es fast 100 Jahre, bis die Stadt dem Türmer einen Beiwächter zur Seite stellte, der ihn zumindest in der Nacht vertreten hat.

Die Verantwortung eines Türmers war groß, die Bezahlung schlecht. Als Türmer musste man Blasinstrumente spielen können. Morgens, mittags und abends wurde von ihm erwartet, dass er einen Choral blies. So war es naheliegend, dass die meisten Türmer sich ein paar Groschen als Musiker dazuverdienten. Die Stadt lag dann nur noch unter den wachsamen Augen des lieben Gottes.

Die Tradition des Choralblasens hielt bis zum Amtsantritt des Türmers Johann Christian Madlung im Jahre 1824. Der wollte blasen, konnte aber nicht. Er hatte keinen einzigen Zahn mehr im Mund. In seine Dienstzeit fielen etliche Brände. Die größte Anzahl meldete er gar nicht. Wie auch, ohne Zähne?! Warum dieser Türmer trotzdem fast 40 Jahre lang im Amt blieb, wird auf ewig das Geheimnis der damaligen Personalabteilung der Stadt Naumburg bleiben. 30 Jahre später war die Stadt dann auf Zack: Als moderne Feuerschutz- und Brandbekämpfungsmaßnahmen Naumburg sicherer machten, schickte man den Türmer ganz schnell in Rente. Die Wohnung wurde kostengünstig vermietet. Die Mieter mussten das Uhrwerk warten und die Kirchturmglocken läuten. Dafür lebten sie an einem romantischen Ort, zu dem man im Winter das Wasser jedoch selbst schleppen musste.

**Adresse** Topfmarkt, 06618 Naumburg, www.evangelische-kirche-naumburg.de/kirchen/stadtkirche-st-wenzel | **ÖPNV** mit dem ICE bis Naumburg Hbf. | **Anfahrt** A 9, Ausfahrt Naumburg, Richtung Zeitz/Teuchern/Osterfeld | **Öffnungszeiten** April, Nov. Di–Sa 13–15 Uhr, Mai–Okt. Di–Sa 10–17 Uhr | **Tipp** In der Kirche St. Wenzel finden Sie die Grabplatte von August Leubelfing, dem Pagen von Schwedenkönig Gustav Adolf.

# 73 Die Arche Nebra

*Noah wäre neidisch gewesen*

Die Arche Noah im Buch Genesis war ein selbst gezimmerter, schwimmfähiger Kasten. Die Arche Nebra soll nicht schwimmen. Sie scheint am Fuß des Mittelbergs zu schweben. Die Front der Arche ist zur Spitze des Mittelbergs ausgerichtet. Dort wurde 1999 in einem Grab ein außergewöhnlicher archäologischer Fund gemacht: eine 3.600 Jahre alte, mit Goldauflagen bestückte Himmelsscheibe aus Bronze. Sie stellt vielschichtige Sternenkonstellationen dar, unter anderem das Symbol der Sonnenbarke, die für die allnächtliche Überfahrt der Sonne von West nach Ost steht. Das 60 Meter lange Besucherzentrum erinnert an die Sonnenbarke der Scheibe. Die Scheibe hatten Grabräuber entdeckt. Sie diesen Räubern wieder abzuluchsen, war ein echter Krimi und verdient eine eigene Seite. Im Kapitel über den Mittelberg können Sie die Kurzfassung der spannenden Geschichte lesen.

Nachdem die einmalige Himmelsscheibe endlich in den Besitz des Landes Sachsen-Anhalt übergegangen war, wollte man in der Nähe des Fundortes ein Besucherzentrum errichten. Es wurde ein Architekturwettbewerb ausgeschrieben. Gesucht wurde ein Entwurf, der die Bedeutung der Himmelsscheibe hervorhebt und gleichzeitig als Wahrzeichen der Region dient. Beides ist dem Schweizer Architekturbüro Holzer Kobler eindrucksvoll gelungen. Ihr Bau schlägt mühelos eine Brücke über fast 4.000 Jahre, vom Zeitpunkt des Schmiedens der Scheibe bis heute.

Das Besucherzentrum beherbergt ein Planetarium und zwei Ausstellungsräume. Die Hauptausstellung widmet sich der Himmelsscheibe und ihrer Geschichte. Die Verbindung zwischen Archäologie, Astronomie und Unterhaltung ist hervorragend geglückt. Besonders die jüngsten Besucher sind von den virtuellen Figuren fasziniert, die witzig durch die Vitrinen geistern. Neben der Hauptausstellung finden immer wieder Sonderausstellungen statt. Zum Beispiel »Eiszeitriesen – Mammuts in Nebra«.

**Adresse** An der Steinklöbe 16, 06642 Nebra-Kleinwangen, www.himmelsscheibe-erleben.de | **ÖPNV** mit der Burgenlandbahn (ab IC-Bahnhof Naumburg) bis Haltepunkt Wangen, weiter mit dem Bus bis Haltestelle Arche Nebra | **Anfahrt** A 9, A 38 oder A 71, dann der Beschilderung folgen | **Öffnungszeiten** April–Okt. täglich 10–18 Uhr, Nov.–März Di–Fr 10–16 Uhr, Sa, So und Feiertage 10–17 Uhr | **Tipp** Um ein Gefühl für diese Kultstätte zu bekommen, empfehle ich Ihnen, von der Arche zu Fuß zum Fundort der Himmelsscheibe auf den Mittelberg zu gehen (3 Kilometer).

# 74 Der Mittelberg

*Der Jäger der verlorenen Scheibe*

Am 4. Juli 1999 fuhren zwei Männer auf den Mittelberg. Sie waren auf der Suche nach einem Schatz. Im Gepäck hatten sie Spaten, Schaufel und Metalldetektor.

Der Mittelberg ist 252 Meter hoch und dicht bewaldet. Das war nicht immer so. Vor knapp 12.000 Jahren endete die letzte Eiszeit. In ihrer Folge gab es auch vor 4.000 Jahren noch kaum Bäume. Bei gutem Wetter konnte man so vom Mittelberg den 80 Kilometer entfernten Brocken erkennen. Davon hatten die Schatzsucher keine Ahnung. Ihnen war aber bekannt, dass der Mittelberg in früherer Zeit ein kultischer Ort gewesen war. Was sie dort fanden, ist heute genauso bedeutend wie die ägyptischen Pyramiden. Unter der Erde, in einer Steinkammer versteckt, stießen sie auf zwei aufwendig verzierte Schwerter. Dahinter entdeckten sie noch einen Diskus. Darauf machten sie Sonne, Mond und Sterne aus. Schon am nächsten Tag verkauften sie den gesamten Fund an einen Kölner Händler. Sie bekamen 31.000 Mark. Später wird allein der von ihnen kaum beachtete Diskus für 100 Millionen Euro versichert werden.

Die Räuber hatten die Himmelsscheibe geborgen, mit deren Hilfe die Menschen der Frühbronzezeit genaue Erkenntnisse über den Lauf der Sonne anstellen konnten, und zwar exakt vom Fundort aus. Der vom Mittelberg sichtbare Brocken und der Kulpenberg waren Eichpunkte. Die Himmelsscheibe ist ein »Handbuch« für das Erstellen eines Kalenders.

Im Februar 2002 gab sich der Landesarchäologe Harald Meller als Kaufinteressent der Scheibe aus. Er traf sich mit Hehlern in einem Baseler Hotel. Zu deren Ärger klickten nicht die Geldkoffer auf, sondern die Handschellen zu. Die Himmelsscheibe konnte endlich nach Sachsen-Anhalt zurückkehren. Sie wird heute im Museum für Vorgeschichte in Halle ausgestellt. Auf dem Mittelberg ragt ein Turm über die Bäume hinaus. Von ihm können Sie wie die Menschen vor 4.000 Jahren bis zum Brocken sehen.

**Adresse** Arche Nebra, An der Steinklöbe 16, 06642 Nebra-Kleinwangen, www.himmelsscheibe-erleben.de | **ÖPNV** mit der Burgenlandbahn (ab IC-Bahnhof Naumburg) bis Haltepunkt Wangen, weiter mit dem Bus bis Haltestelle Arche Nebra | **Anfahrt** A 9, A 38 oder A 71, dann der Beschilderung folgen | **Öffnungszeiten** April–Okt. täglich 10–18 Uhr, Nov.–März Di–Fr 10–16 Uhr, Sa, So und Feiertage 10–17 Uhr | **Tipp** Im Heimatmuseum Nebra können Sie alles über die Schriftstellerin Hedwig Courths-Mahler erfahren.

# 75__Der Bibelturm

*Dem Himmel so nah …*

Als der russische Fürst Putjatin nach Wörlitz kam, stand er vor der Kirche St. Petri, blickte zu ihrem mächtigen Kirchturm hinauf und rief: »Ja, du bist der Wegweiser zum Himmel, ein Wunder der Zeit und der Kunst!« Ein Wunder der Baukunst ist der heutige Bibelturm auf jeden Fall. Aber auch ein Wegweiser zum Himmel? Seit ewiger Zeit werden die Menschen von der Frage umgetrieben: Gibt es einen Himmel? Und wenn ja, wie komme ich hinein?

In Wörlitz lautet die Frage: Wie komme ich hinauf? Der Himmel wartet in der ehemaligen Türmerwohnung des Kirchturms – zumindest die Dauerausstellung mit dem Titel »Zwischen Himmel und Erde«. Auf drei Etagen eröffnet sie den Besuchern religiöse und biblische Perspektiven auf das Thema Himmel. Die religiöse Auseinandersetzung mit diesem Sujet ist in einem Kirchturm nicht weiter überraschend. Aber die Ausstellung bietet auch Denkanstöße für naturwissenschaftliche oder philosophische Betrachtungen des Begriffs »Himmel«. Zudem soll der 66 Meter hohe Turm neben dem intellektuellen Kick den Schwebezustand zwischen Himmel und Erde körperlich erfahrbar machen. Von der Aussichtsebene des Turmes hat man einen einzigartigen Blick über den gesamten Wörlitzer Park.

Unten auf der Kanzel predigte schon Martin Luther vor anhaltischen Fürsten. Die Predigt war wohl sehr inspirierend, denn ein Nachfahre, Fürst Leopold III. von Anhalt, schuf aus Feldern und Wiesen ein Weltkulturerbe, das Dessau-Wörlitzer Gartenreich. Im Zuge dieser Landschaftsgestaltung bekamen die 800 Jahre alte Petrikirche und ihr Bibelturm ihr neogotisches Gesicht.

Im Bibelturm findet man heute Zettel an der Wand, die Gäste hinterlassen haben. Man liest allgemeine Bitten nach Weltfrieden und spezielle Anliegen wie das von Kim. Kim wünscht sich nichts sehnlicher von Gott als einen Hund. Wenn sie den inzwischen hat, bedeutet das, dass es Gott gibt. Oder?

**Adresse** Kirchgasse 34, 06786 Oranienbaum-Wörlitz, www.bibelturm.de | **ÖPNV** mit der Dessau-Wörlitzer Eisenbahn ab Dessau Hbf., Haltestelle Bahnhof Wörlitz | **Anfahrt** A 9, Ausfahrt Vockerode | **Öffnungszeiten** 1. April–15. Okt. Di–Sa 11–17 Uhr, So 12–17 Uhr | **Tipp** Wer barocke Kirchen mag, findet sein Glück in der Stadtkirche von Oranienbaum.

# 76 Der Drehberg

*Olympia aufm Dorf*

Zwischen Vockerode und Wörlitz liegt – eigentlich nicht viel. Felder, Wiesen, ein paar Gehöfte … aber dazwischen ein in Deutschland wohl einmaliges Kulturdenkmal, der Drehberg. Hier fanden zwischen 1777 und 1799 Wettkämpfe für das ganze Volk nach antikem Vorbild statt. Immer am Geburtstag seiner Frau lud Fürst Franz von Anhalt Freunde, Künstler, Philosophen und das einfache Landvolk zur »Lust am Drehberg« ein. Dieser Tag sollte wie in »einem Gesellschaftsspiel ein Stück zukünftiges Leben in vollendeter Harmonie« sein. Fürst und Fürstin gaben dafür sogar ihre Rollen als Herrscher und Herrscherin auf und waren Gleiche unter Gleichen. Oder wollten es zumindest sein. Es fällt schwer, sich vorzustellen, wie eine plumpe Magd zur Fürstin sagt: »Geiles Kleid! Von KiK?«

Aber schon allein die Idee zum klassen- und schrankenlosen Spiel war zwölf Jahre vor dem Sturm auf die Bastille revolutionär. Die Anregung dazu holte sich das Fürstenpaar vom Philosophen Rousseau. Und der sagte: »Der Charakter offenbart sich nicht an großen Taten; an Kleinigkeiten zeigt sich die Natur des Menschen.« Demnach hatten Fürst und Fürstin eine gute Natur. Aber auch gute Naturen müssen einmal sterben, und für diesen Fall war auf dem Drehberg ein Grabmonument von Friedrich Wilhelm von Erdmannsdorff für die Fürstenfamilie errichtet worden. Doch das schöne Monument wurde nie zu einer Familiengruft, es war dafür zu feucht. Fürst und Fürstin setzte man in der Jonitzer Kirche bei.

Das Grabmonument wurde 1826 abgerissen. Am Drehberg selbst blieben nur der aufgeschüttete Berg und die Wälle um ihn herum zurück. Die Volksolympiade fiel aus, die Idee ging verloren. Erst 1989 entdeckten Schüler des Dessauer Gymnasiums Philanthropinum den Drehberg als Wettkampfort für sich wieder. Darüber hinaus versucht man, dieses Denkmal durch Kunstaktionen wieder in einen sinngebenden Ort zu verwandeln.

**Adresse** 06785 Oranienbaum-Wörlitz an der L 133 zwischen Griesen und Vockerode | **Anfahrt** Drehberg Richtung Vockerode rechts bei einem Gehöft gelegen | **Tipp** Niemand sollte die Region verlassen, ohne das Schloss und die Parkanlage Luisium in Dessau-Roßlau gesehen zu haben.

# 77__Schloss Oranienbaum

*Holland in Anhalt*

Oranienbaum oder Nischwitz, wie wir Älteren den Ort bis 1673 nannten, liegt im Biosphärenreservat Mittlere Elbe. Nischwitz war ein kleines, verschlafenes Dorf, das im 15. Jahrhundert sogar zeitweise ganz von seinen Bewohnern aufgegeben wurde. Den Namen Oranienbaum verdankt es seinen berühmten Orangen, die in der ganzen Region so prächtig reifen. Natürlich nicht! Die einzigen Orangenbäume stehen in der Orangerie des Schlosses, eine der längsten Europas.

Der Name geht auf die niederländische Prinzessin Henriette Catharina von Oranien-Nassau zurück. Sie war die Frau des Fürsten Johann Georg II. von Anhalt-Dessau und machte aus dem toten Kaff Nischwitz eine holländische Perle. Ihr zu Ehren heißt der Ort seit 1673 Oranienbaum. Zunächst verbrachte die Prinzessin nur die warmen Monate in einem eigens errichteten Palais. Bauherr war ihr niederländischer Landsmann, der Architekt Cornelis Ryckwaert. Nach dem Tod ihres Gatten ließ sich die Prinzessin jedoch ganz dort nieder.

Heute würden wahrscheinlich die Paparazzi den ganzen Tag auf der Lauer liegen, immer in der Hoffnung, die Prinzessin einmal beim Flirt mit dem Stallmeister abzulichten. Damals konnte eine Frau in ihrer Position noch unbelästigt poussieren und mit Hilfe ihres Architekten ganz nebenbei aus einem Sommerpalais eine ganze Stadt machen.

Um das barocke Schloss schuf Cornelis Ryckwaert den 28 Hektar großen Park. Die Prinzessin war aber keine Frau, die ihre Tage mit Müßiggang verplemperte. Sie war hochgebildet und gab mit ihren Ideen der Kultur und Wirtschaft des kleinen Fürstentums wichtige Impulse. Ihr Sohn, Leopold I., genannt der »Alte Dessauer«, reformierte die preußische Armee. Das Schloss der Mutter nutzte er nur zu gelegentlichen Jagdaufenthalten. Es verfiel in einen Dornröschenschlaf, bis es sein Enkel, Fürst Franz, in die Dessau-Wörlitzer Parklandschaft integrierte.

Adresse Schloßstraße, 06785 Oranienbaum-Wörlitz, www.gartenreich.com | ÖPNV von Dessau Hbf. Bus 331 bis Haltestelle Oranienbaum Busbahnhof, dann etwa 15 Minuten zu Fuß | Anfahrt von Dessau über die B 185 und die B 107 oder A 9, Ausfahrt Dessau-Ost und über die B 107 Richtung Oranienbaum | Öffnungszeiten 30. März – 31. Okt. Di – So 10 – 17 Uhr, Führungen möglich | Tipp Sie können eine kombinierte Schloss- und Gartenführung buchen (Infos unter www.oranienbaum.de).

# 78__Pißdorf

*Nomen est omen?*

Es gibt überall in Deutschland Orte, die besondere Namen tragen. Schweinfurt in Bayern zum Beispiel oder Wixdorf bei Darmstadt klingen schon so besonders, dass der durchschnittliche Reisende denkt: Na, das ist bestimmt nicht mehr zu toppen! Und dann liest man in Sachsen-Anhalt plötzlich auf einem Ortsschild Pißdorf!

Pißdorf ist ein idyllischer Ort, fünf Kilometer von Köthen entfernt. Einmal im Jahr, immer zu Pfingsten, veranstalteten die Pißdorfer einen Reiterwettbewerb. Dabei mussten die Reiter aus vollem Galopp nach Ringen stechen. Den DDR-Offiziellen war das Pferdefest zu westlich dekadent. Sie verboten es. Die Pißdorfer ließen sich die Pferde verbieten, aber nicht den Spaß. Sie sattelten einfach um auf Fahrräder und machten ihr Ringereiten vom Drahtesel aus. Die Pißdorfer haben wirklich Humor, denn, und jetzt halten Sie sich fest, der Schutzpatron dieses Ringereitens ist der Popelmann. Kein Scherz! Der Popelmann von Pißdorf. So etwas kann man sich gar nicht ausdenken.

Genauso wenig wie die Namen der zwei Orte im Burgenlandkreis: Unterkaka und Oberkaka. Phantastisch, oder? Reisende, die in der analen Phase stecken geblieben sind, dürften allein schon beim Hören dieser Namen in fröhliches Gelächter ausbrechen. Verstehen Sie mich nicht falsch, ich will mich nicht über die Einwohner dieser Orte lustig machen. Aber wie hätte die Welt wohl reagiert, wenn John F. Kennedy seine berühmte Rede nicht in Berlin, sondern im Burgenlandkreis gehalten hätte? Hätte ihn die Welt auch so geliebt, wenn er ausgerufen hätte: »Ich bin ein Oberkaka!«?

Der nächsten Frage sollte wirklich mal ein Psychoanalytiker nachgehen. Wie wirken sich die Namen der Orte auf die Psyche ihrer Bewohner aus? Im Harz gibt es die Gemeinden Elend und Sorge. Ist man, wen man dort geboren wurde, automatisch ein Elender und ein echtes Sorgenkind? Und wenn ja, gibt's dagegen was von Ratiopharm?

Adresse Pißdorf, 06386 Osternienburg | Anfahrt über die 187a Richtung Osternienburg; nach Unterkaka über die A 9, Ausfahrt Naumburg, dann über die B 180 Richtung Zeitz | Öffnungszeiten Diese Citys schlafen nie! | Tipp Radler können die schöne Landschaft um Osternienburg auf der »Wasser, Wiesen, Steine«-Tour erkunden.

# 79 Die Dorfkirche

*Byzanz, Konstantinopel, Pretzien*

Bis zu einem bestimmten Tag im Sommer 1973 war die Dorfkirche von Pretzien genau das: eine ganze normale Dorfkirche in der DDR. Wahrscheinlich wäre sie längst verfallen und vergessen, wenn die Restauratorin Anna-Maria Meussling nicht zum Skalpell gegriffen hätte. An jenem Tag begann sie nämlich damit, an einer Stelle in der Apsis, dem halbrunden Abschluss des Kirchenschiffes, die Farbe von den Wänden zu kratzen. Acht Schichten und etliche Stunden später stieß sie auf rote Linien. Die Linien führten zu einem Gesicht, dem Gesicht der Gottesmutter Maria. In ihrem Heiligenschein glänzten noch Reste von Blattgold.

Anna-Maria Meussling war erst kurz zuvor mit ihrem Mann, Pfarrer Rüdiger Meussling, aus der Altmark gekommen. Dort hatte sie schon in einigen Kirchen rund um Stendal mittelalterliche Malereien unter dem Putz romanischer Kirchen entdeckt. Der Fund in Pretzien sollte aber ihres und das Leben ihres Mannes verändern. Die Sanierung der Kirche mit ihren Wandbildern wurde zur Lebensaufgabe des Ehepaars.

Gebaut wurde die Kirche vermutlich nach 1150. Die Malereien entstanden einige Jahrzehnte danach. Schöpfer könnte der byzantinische Maler Rhesus gewesen sein. Der war bis zum Brand Magdeburgs im Jahre 1207 dort im Dom beschäftigt. Auch der Dom fiel den Flammen zum Opfer. Rhesus könnte also auf der Suche nach einer neuen Beschäftigung im kleinen Pretzien haltgemacht haben. Vielleicht stand er noch mit Ruß im Gesicht in der Dorfkirche und dachte, Mensch, mit den nackten Wänden kann man doch was machen?! Und machte sich einfach an die Arbeit. Das würde die sehr hohe Qualität der Wandbilder – besonders in der Apsis – erklären.

Die Feinheiten dieser Kunst entdecken Sie nach und nach. Am besten, Sie lassen sich die Motive gleich kompetent von Frau Chwalisz erklären. Sie treffen sie meistens während der Öffnungszeiten in der Kirche an.

**Adresse** Dr.-Martin-Luther-Straße, 39217 Pretzien | **ÖPNV** mit der Regionalbahn von Magdeburg nach Schönebeck, weiter mit Bus 112 über Plötzky nach Pretzien | **Anfahrt** über die B 246a | **Öffnungszeiten** Mai – Sept. Di – So 14 – 16 Uhr oder Termin unter Tel. 03471/353613 vereinbaren | **Tipp** Klassik- und Operettenfans können im Sommer Konzerte der Mitteldeutschen Kammerphilharmonie auf der Freilichtbühne Bierer Berg erleben (Bierer Berg 1).

# 80 Die Familiengrüfte auf St. Wiperti

*Schöner Wohnen nach dem Ableben*

Wenn Sie vom Schlossberg die Wipertistraße stadtauswärts Richtung Thale gehen, sehen Sie schon bald die erhöht liegenden Grabgewölbe von St. Wiperti. Der ein oder andere denkt jetzt womöglich, noch ein Friedhof? Aber ist es nicht so, dass ohne den Tod niemand das Leben schätzen würde? Außerdem sind die Familiengrüfte von St. Wiperti in Ausmaß und Anzahl einmalig in Europa. Auf einer Breite von etwa 80 Metern erheben sich auf drei Stockwerken mehr als 40 Grüfte. Ein wenig nimmt diese Bauart die Idee der späteren DDR-Plattenbauten vorweg. Eigentlich fehlen in den Grüften nur die Fernwärme und die Küche mit der obligatorischen Durchreiche. Ansonsten sind die in Sandstein gehauenen Ruhestätten echte Luxusanlagen. Viel Platz, 1-a-Aussicht auf den Schlossberg und dazu in direkter Nachbarschaft zur namensgebenden Kirche St. Wiperti gelegen. Dort feierten vor über 1.000 Jahren König Heinrich I. und sein Sohn Otto I., der erste römische Kaiser deutscher Nation, am liebsten das Osterfest. Ob sie dabei auch ausgelassen über das Osterfeuer sprangen, ist nicht überliefert.

Die ersten Grüfte entstanden vor 350 Jahren. Zu einer Zeit, in der Ludwig XIV. Versailles zum Höhepunkt europäischer Schlossbaukunst ausbauen ließ, errichteten sich die Quedlinburger ihre barocken Grabgrüfte. Die französischen Katholiken feierten das Leben, die deutschen Protestanten beerdigten sich zumindest prunkvoll. In jedem Gewölbe sorgt ein Lüftungsschacht bis heute für einen stetigen Luftstrom. Dieser Luftstrom und die im Sandstein enthaltene Salpetersäure sind dafür verantwortlich, dass viele der Leichen konserviert wurden.

Der Friedhof St. Wiperti lädt nicht nur zum Spazierengehen, sondern auch zum Dableiben ein. Einige der Grüfte stehen leer und warten darauf, wieder neu bezogen zu werden.

**Adresse** Wipertistraße 4, 06484 Quedlinburg | **ÖPNV** mit der Harzer Schmalspurbahn zum Bahnhof Quedlinburg | **Anfahrt** von Magdeburg über die B 81 und die L 66, an der Wipertistraße parken | **Öffnungszeiten** Mo–So 10–17 Uhr | **Tipp** Besuchen Sie Quedlinburg in der Weihnachtszeit. Am ersten, zweiten und dritten Adventswochenende verbinden sich die schönsten Hinterhöfe zu einem einzigartigen Markt.

# 81 Die Feininger-Galerie

*Entartet oder bürgerlich-dekadent?*

Wenn der Schloßberg und die über 1.000 Fachwerkhäuser der Stadt der Kuchen sind, dann ist die Lyonel-Feininger-Galerie die Sahne obendrauf. Denn in dieser Galerie geht es nicht um mittelalterliche Pracht, sondern um Kunst des 20. Jahrhunderts und der Gegenwart. Die Galerie ist einem der bedeutendsten Vertreter der klassischen Moderne, dem Bauhauskünstler Lyonel Feininger, gewidmet. Zu sehen ist eine der weltweit bedeutendsten Sammlungen an Druckgrafiken, dazu zahlreiche Aquarelle, Zeichnungen und Fotografien von Feininger.

Wie kommt diese einmalige Sammlung ausgerechnet nach Quedlinburg? Feininger selbst hat die Stadt nie besucht. Aber er war Meister am Bauhaus in Dessau, wo er sich mit dem Quedlinburger Hermann Klumpp anfreundete. Klumpp studierte nach einem Abschluss in Jura Architektur am Bauhaus. Zeitweise wohnte er sogar bei der Familie Feininger im gleichnamigen Meisterhaus. Er half, als die Nazis das Bauhaus schlossen, beim Umzug nach Berlin. Und fünf Jahre später nahm er auf Wunsch von Feininger viele seiner Arbeiten in Obhut. Feiningers Ehefrau war Jüdin, seine Kunst verboten. Die Familie musste nach New York emigrieren.

Herman Klumpp brachte Feiningers Arbeiten an den braunen Kunstbanausen vorbei nach Quedlinburg und auch durch den Krieg. Deutschland war danach geteilt und Klumpps Heimat nun die DDR. Deren Kulturfunktionäre waren an der Bauhaus-Idee bestenfalls desinteressiert. Meistens bekam Hermann Klumpp pure Feindseligkeit zu spüren, wenn er versuchte, seine Sammlung der Öffentlichkeit zugänglich zu machen. Über Jahrzehnte waren Feiningers Werke so ausschließlich in Hermann Klumpps Privatwohnung zu besichtigen. Heute präsentiert das Museum neben Feininger auch Arbeiten von Wassily Kandinsky, Paul Klee und Emil Nolde. Darüber hinaus wird mit Sonderausstellungen das Schaffen zeitgenössischer Künstler gewürdigt.

**Adresse** Finkenherd 5, 06484 Quedlinburg, www.feininger-galerie.de | **ÖPNV** mit der Harzer Schmalspurbahn zum Bahnhof Quedlinburg | **Anfahrt** von Magdeburg über die B 81 und die L 66, Parkplatz an der Schenkgasse | **Öffnungszeiten** Mi–Mo 10–18 Uhr | **Tipp** Neben der Galerie befindet sich das Café »Vincent«. Dort gibt es die größte Käsekuchenauswahl der Welt!

# 82 Das Münzenbergmuseum

*Macht Fernsehen dumm?*

»Privat geht vor Katastrophe«, das beschreibt die lässige Einstellung vieler sozialistischer Werktätiger in der DDR zu ihrer Arbeit im Volkseigenen Betrieb. 1994 änderten sich nicht nur die politischen Umstände, sondern auch die Bedeutung von »Privat geht vor Katastrophe« grundlegend. Durch das private Engagement eines Einzelnen wurde nämlich ein ganzes Stadtviertel, der Quedlinburger Münzenberg, vor der Katastrophe, dem endgültigen Verfall, gerettet.

Der Lemgoer Arzt Prof. Dr. Siegfried Behrens sah im Fernsehen einen alarmierenden Bericht über den Zustand der alten Kaiserstadt Quedlinburg. Schon am nächsten Tag setzte er sich ins Auto und reiste in die Stadt. Kaum angekommen, erwarb er das baufälligste Haus vom ganzen Münzenberg und plante dessen Sanierung. Bei der aufwendigen Instandsetzung des Hauses fanden sich gut erhaltene Mauer- und Grabreste des ehemaligen und in Vergessenheit geratenen Klosters St. Marien. Das hatte die Tochter des deutschen Kaisers Otto I. zu Ehren ihres verstorbenen Bruders vor rund 1.000 Jahren gestiftet. Die Quedlinburger hatten lange Zeit nicht viel übrig für den Münzenberg. 1523 stürmten sie das darauf thronende Marienkloster. 1576 überließ die Äbtissin Elisabeth II. von Regenstein die verwüstete Anlage Kesselflickern, Musikanten und Stadtstreichern zur Neubesiedlung.

Siegfried Behrens gründete 418 Jahre später den Verein Münzenberg e.V. In den folgenden zwölf Jahren gelang ihm und den Vereinsmitgliedern die Restaurierung fast aller Fachwerkhäuser. Gleich über mehrere Häuser erstreckt sich heute das Münzenbergmuseum. Es beherbergt neben Resten der Klosteranlage Fundstücke verschiedener Epochen und freigelegte Kopfnischengräber aus dem 11. Jahrhundert.

Seinen neuen Glanz verdankt der Münzenberg also der Leidenschaft eines Einzelnen und einem Fernsehbericht. Von wegen, Fernsehen macht dumm.

Adresse Münzenberg 16, 06484 Quedlinburg, www.klosterkirche-muenzenberg.de | ÖPNV mit der Harzer Schmalspurbahn zum Bahnhof Quedlinburg | Anfahrt von Magdeburg über die B 81 und die L 66, zu Fuß über die Treppen von der Langenberg- und der Wipertistraße zu erreichen | Öffnungszeiten täglich 10–17 Uhr, Jan. und Feb. nur Fr–Mo | Tipp Wer sich für Fachwerk interessiert, kommt im Fachwerkmuseum in der Wordgasse 3 voll auf seine Kosten.

# 83 Der Ottonenkeller

*Prost, altes Haus!*

Wenn Sie den Schloßberg erklommen haben, steigen Sie unbedingt in die ottonischen Kellergewölbe hinab. Jede Stufe bringt Sie gefühlte 100 Jahre in die Vergangenheit zurück. Die Keller unterhalb des Schlossmuseums sind die einzigen steinernen Zeugen aus dem 10. Jahrhundert, die weltlich genutzt wurden.

In der DDR sogar sehr weltlich. Über Jahre hinweg waren die Keller Quedlinburgs coolstes Nachtlokal. Die Wände zierten damals bunte Glasscherben. Die Beine der Gäste wippten zur Musik vom »Günther Fischer Quartett«. Und Gerüchten zufolge schallte ab und an sogar »Die Liebe ist ein Haus« von Regina Thoss durch das uralte Gewölbe. Es war nicht alles schlecht damals. Heute ist der Geruch von »Duett«-Zigaretten verflogen, und wer Regina Thoss hören möchte, muss ins Bürgerhaus nach Niesky.

Seit einigen Jahren ist der sanierte Keller ein Museum. Die Besucher erhalten in der Ausstellung »Auf den Spuren der Ottonen« umfangreiche Informationen über die Pfalzgeschichte Quedlinburgs. Interessant ist auch die Fortsetzung der Spurensuche: Unter dem Titel »Geschichte und Propaganda« wird der Frage nachgegangen, wie die mittelalterliche Geschichte von Quedlinburg durch die Nationalsozialisten missbraucht wurde. Von 1938 bis 1945 war die gegenüberliegende Stiftskirche St. Servatius von den Nazis besetzt. Die Kirche wurde zu einer »Weihestätte« der SS. Deren Führer Heinrich Himmler war ein glühender Verehrer von König Heinrich I., und der konnte sich 1.000 Jahre nach seinem Tod nicht mehr dagegen wehren. Heinrich I. gilt vielen Historikern als intelligenter Politiker und Begründer des ersten Deutschen Reiches. Heinrich Himmler war verantwortlich für die Ermordung von Millionen Menschen.

Die zerschlagenen Reste des riesigen Reichsadlers, der sieben Jahre das Kirchenkreuz ersetzte, liegen heute im Staub auf dem Fußboden des Ottonenkellers.

**Adresse** Schlossmuseum, Schloßberg 1, 06484 Quedlinburg, www.quedlinburg.de | **ÖPNV** mit der Harzer Schmalspurbahn zum Bahnhof Quedlinburg | **Anfahrt** von Magdeburg über die B 81 und die L 66, Parkplatz an der Schenkgasse | **Öffnungszeiten** soll im Frühjahr 2023 wiedereröffnet werden | **Tipp** Wenn Sie den Keller verlassen haben, marschieren Sie schnurstracks in die gegenüberliegende Stiftskirche. Dort können Sie unter anderem den Domschatz bewundern.

# 84__Die Filmburg

*Großes Kino!*

Die Burg Querfurt ist wegen ihrer Einzigartigkeit ein beliebter Drehort. Märchenklassiker wie »Die zertanzten Schuhe« und »Jorinde und Joringel« wurden hier gedreht. »Die Päpstin« wurde auf Burg Querfurt von den Normannen überfallen. Und für den Weltbestseller »Der Medicus« verwandelte sich Querfurt zum mittelalterlichen England. Die Burg ist aber nicht nur Filmkulisse. Sie beherbergt auch eine historische Kostümwerkstatt, welche die entsprechenden Gewänder für die Filme schneidert.

Im Filmmuseum können Sie einen Blick hinter die Kulissen der auf Burg Querfurt gedrehten Filme werfen. Überraschendes Highlight der Ausstellung ist die Geschichte der Silhouetten-Animation. Dabei handelt es sich um eine bestimmte Art von Trickfilm, die vom Schattenspiel inspiriert ist. Die Heldinnen und Helden werden aus Karton gefertigt und durch Gegenlicht als schwarze Silhouetten sichtbar. Ein einfaches Prinzip mit einer verblüffenden Wirkung. Die Künstlerin Lotte Reiniger schuf mit dieser Technik 1926 den abendfüllenden Trickfilm »Die Abenteuer des Prinzen Achmed«. Dieser ist bis heute für seine eindrucksvollen Bilder berühmt. Die Ausstellung zeigt anhand originaler Exponate und Geräte die Entwicklung vom Schattenspiel zur manuellen Filmanimation. Sie können ein Lebensrad und die Wundertrommel drehen und staunen.

Die Burg Querfurt ist die älteste Burg an der Straße der Romanik. Schon Ende des 9. Jahrhunderts wurde sie erstmals urkundlich erwähnt. Ihre Ursprünge sollen noch viel weiter in der Vergangenheit liegen. Seit dem 10. Jahrhundert hatte das einflussreiche Adelsgeschlecht der Edlen Herren von Querfurt hier seinen Stammsitz. Nach dem Aussterben der Hauptlinie 1496 wurde die Burg als erledigtes Lehen vom Erzbistum Magdeburg eingezogen. Die Besitzer wechselten von da an häufig.

Nun können Sie die Burg Querfurt bei einem Besuch in Besitz nehmen.

**Adresse** Burgring, 06268 Querfurt, www.burg-querfurt.de | **ÖPNV** mit der Regionalbahn von Halle (Saale) nach Querfurt | **Anfahrt** A 38, Ausfahrt Querfurt, auf der L 176 nach Querfurt | **Öffnungszeiten** April–Okt. Di–So 10–18 Uhr, Nov.–März Di–So 10–16 Uhr | **Tipp** Besuchen Sie das Bauernmuseum direkt neben der Burg.

# 85 Der Sachsenspiegel

*Das bedeutendste Buch der deutschen Rechtsprechung*

»Wer zuerst kommt, mahlt zuerst!«, knallt man lapidar seiner Frau vor den Kopf, wenn man ihr zum Beispiel das letzte Stück Schokolade vor der Nase weggeschnappt hat. Wer zuerst kommt, mahlt zuerst. Heute eine Redensart, mehr nicht, denken wir. Dabei war dieser Satz jahrhundertelang sogar Gesetz. »Wer zuerst zur Mühle kommt, mahlt zuerst.« So hat es Eike von Repgow um 1230 im »Sachsenspiegel« formuliert. Der Sachsenspiegel ist das erste Rechtsbuch in der Geschichte Mitteleuropas. Und darin fasst von Repgow das Recht der Sachsen erstmals schriftlich zusammen. Bis dahin wurden Gesetze nur mündlich überliefert. Da konnte man als Angeklagter nur hoffen, dass der Richter seinen Vorgängern immer gut zugehört hatte. Sonst konnte es passieren, dass dem, der den Meineid geleistet hatte, direkt der Kopf abgeschlagen wurde, obwohl die Schwurhand gereicht hätte. Eike von Repgow schuf die Grundlage für eine einheitliche und genaue Rechtsprechung.

Reppichau liegt etwas abseits der B 185 zwischen Dessau und Köthen. Es hat knapp 500 Einwohner, eine Jugendfeuerwehr und einen Fußballverein. Ein ganz durchschnittliches Dorf also. Nein, Reppichau ist etwas ganz Besonderes. Es ist voller Kunst, die groß und bunt ist und sich zum Anfassen oder sogar Draufsetzen eignet. Alles ist dem berühmten Sohn Eike von Repgow gewidmet. Da wird der Dorfteich zur Bühne für baumhohe Figuren einer Bilderschrift des Sachsenspiegels. Das Trafohäuschen ist nicht mit alten Ü40-Party-Plakaten zugekleistert. Die vier Seiten sind vom Maler Steffen Rogge aus Köthen mit mittelalterlichen Motiven verziert. Den Weg zur Dorfkirche aus dem 12. Jahrhundert begleiten geschmiedete Figuren aus dem Sachsenspiegel, alle gestaltet vom Reppichauer Kunstschmied Frank Schönemann.

Normalerweise hat man Dörfer dieser Größe schon vergessen, bevor man ganz durch sie durchgefahren ist. An Reppichau erinnert man sich gern zurück.

Adresse Reppichau, 06386 Osternienburger Land | Anfahrt von der B 185 auf die K 2096 über Elsnigk Richtung Osternienburg | Öffnungszeiten Informationszentrum und Museum April–Okt. täglich 10–12 und 13–17 Uhr | Tipp Sie können dem Schöpfer vieler Exponate, dem Kunstschmied Frank Schönemann, bei einem Besuch in seiner Werkstatt über die Schulter schauen (www.eisenbaecker.de).

# 86_Die Baumkuchen-manufaktur

*Naschen wie ein König*

Im Jahr 1865 besuchte der preußische König Wilhelm I. Salzwedel. Dabei wurde ihm eine besondere Schlemmerei kredenzt: ein Baumkuchen, gebacken vom Salzwedeler Konditor Joachim Friedrich Schernikow. Dem König muss es gemundet haben, denn noch vor Ort wurde Konditor Schernikow zum königlichen Hoflieferanten ernannt. Sechs Jahre später, am 18. Januar 1871, wurde Wilhelm I. zum ersten deutschen Kaiser gekrönt. Ob bei der Zeremonie Baumkuchen serviert wurde, ist nicht überliefert. So oder so, der Salzwedeler Baumkuchen hatte da längst Einzug in die hochherrschaftlichen Häuser der Welt gehalten. Zum Beispiel als »Pyramid Cake« beim Nachmittagstee der englischen Queen Victoria.

Die Geburtsstunde des Baumkuchens schlug 1807, einem guten Jahr für Erfindungen. Dem englischen Chemiker Humphry Davy war es erstmals gelungen, mittels Elektrolyse unedle Metalle herzustellen. Und dem Vater des späteren königlichen Hoflieferanten glückte der erste Baumkuchen. Er schrieb alles fein säuberlich in sein Conditorei-Buch und schuf so ein Rezept, nach dem bis heute gebacken wird. Die Tradition musste nur in der DDR unterbrochen werden. Es waren nicht alle Zutaten zu bekommen.

Der Baumkuchen verdankt seinen Namen den Schichten, die an die Jahresringe von Bäumen erinnern. Noch heute wird er über offenem Feuer auf einer sich drehenden Walze in mehreren aufeinanderfolgenden Backvorgängen hergestellt. Wenn die erste Lage gebräunt ist, wird die nächste aufgetragen, bis der Kuchen seine gewünschte Stärke erreicht hat. Sollten Sie mit dem Gedanken spielen, selbst einen Baumkuchen zu backen, empfehle ich Ihnen als Anschauungsunterricht das Livebacken in der »Ersten Salzwedeler Baumkuchenfabrik«. An drei Vormittagen der Woche können Sie sich die Tricks der Profis in der Backstube abschauen.

**Adresse** St.-Georg-Straße 87, 29410 Salzwedel, www.baumkuchen-salzwedel.de | **ÖPNV** Bus 200 Richtung Seehausen bis Haltestelle Kämmereiteich, von dort zu Fuß links in die St.-Georg-Straße | **Anfahrt** von Wolfsburg in 1 Stunde über die B 248 nach Salzwedel | **Tipp** Ein Besuch im berühmten Café Kruse in der Holzmarktstraße lohnt sich immer, denn hier ist nicht nur der Baumkuchen hervorragend.

# 87 Das Jenny-Marx-Haus

*Eine außergewöhnliche Frau*

Jenny Marx war eine intellektuelle und mutige Persönlichkeit. Und sie war die Ehefrau des Philosophen Karl Marx. Ihre Ideen beeinflussten ihn und die sozialistische Bewegung. Die einzige erhaltene Seite des Originals vom »Kommunistischen Manifest« trägt ihre Handschrift, dennoch wird sie nicht als Co-Autorin genannt. Friedrich Engels sagte an ihrem Grab: »Was eine solche Frau, mit so scharfem und so kritischem Verstand, […] in der revolutionären Bewegung geleistet, das hat nicht an die Öffentlichkeit vorgedrängt, ist niemals in den Spalten der Presse erwähnt worden. Was sie getan hat, wissen nur die, die mit ihr gelebt haben.« Und die haben es auch nicht an die große Glocke gehängt. Ein Schicksal, das sie mit vielen bedeutenden Frauen teilt.

Jenny Marx wurde am 12. Februar 1814 als Jenny von Westphalen in Salzwedel geboren. Ihr Vater, ein für diese Zeit aufgeklärter und liberaler Mann, war Landrat der Stadt. Jenny wuchs in Trier auf, wohin ihr Vater bald versetzt wurde. Schon damals beschrieben ihre Zeitgenossen sie als witzige, intelligente und wortgewandte Rednerin. In diese Eigenschaften muss sich auch der vier Jahre jüngere Karl Marx verliebt haben. 1836 verlobten sie sich heimlich, sieben Jahre später heirateten sie. Das Paar hatte sieben Kinder und verlor vier davon. Ihre Lebensumstände waren lange prekär. Mit ihrer politischen Arbeit eckten sie an. Das zwang sie zu Umzügen. Von Trier nach Paris, weiter nach Brüssel, bis die Familie in London eine Heimat fand. Den Kontakt zu Mitstreitern ließ sie nie abreißen. Für den Sozialisten Paul Lafargue war es jedes Mal »ein Fest, einen Brief von Frau Marx zu bekommen«. In ihren späteren Jahren veröffentlichte sie viel beachtete Artikel für das Feuilleton der »Frankfurter Zeitung«.

Jenny Marx starb 1861. Über das Leben dieser spannenden Frau können Sie in den zwei Räumen der Dauerausstellung einiges erfahren.

**Adresse** Jenny-Marx-Straße 20, 29410 Salzwedel, www.museen-altmarkkreis.de/jenny-marx-haus-in-salzwedel | **Anfahrt** zentral gelegen, bequem mit dem Rad oder zu Fuß erreichbar | **Öffnungszeiten** Feb.–Dez. Di–So und Feiertage 13–17 Uhr, Besuche von Gruppen nach Absprache auch außerhalb der Öffnungszeiten möglich | **Tipp** Das Johann-Friedrich-Danneil Museum bietet Interessierten eine Ausstellung mit Exponaten zur Geschichte der Altmark.

# 88__Das Spengler-Museum

*Zwischen Steinzeit und Hochkultur*

In Sangerhausen gibt es ein Mammut. Das hat zwar nicht mehr viel auf den Rippen, ist deswegen aber nicht weniger beeindruckend. Sein Skelett ist das Zentrum des Naturkundemuseums. Der Sangerhäuser Tischlermeister und Heimatforscher Gustav Adolf Spengler grub es Anfang der 1930er Jahre aus. Er präparierte die Knochen und stellte das Skelett des Steppen-Mammuts in seinem Museum aus, das damals noch in seinem Wohnhaus lag. Der Mann muss ein großes Haus besessen haben.

Seit 1952 ist seine Sammlung im städtischen Museum in der Nähe des Bahnhofs zu sehen. Obwohl sie seitdem sichtbar erweitert wurde und sich Teile der Ausstellungsfläche sogar aktuellen Fragen der Region widmen, verströmt das Museum noch immer ein wenig die Aura der 1950er Jahre. Und genau das macht es so besonders und charmant.

In der oberen Etage widmet sich das »Einar-Schleef-Zentrum« dem berühmten Sohn der Stadt. Schleef war ein künstlerisches Multitalent. Als Fotograf setzte er sich immer wieder mit seiner Heimat auseinander. In eindrucksvollen Schwarz-Weiß-Bildern fing er Sangerhäuser Alltagsszenen ein. Schriftstellerisch fasste er das so zusammen: »Zuhause, das sind die Eltern, der Vater, die Mutter, der Schulweg, das Kino, die Dörfer, das Gestrüpp, die Stadt, die man sein Leben nicht los wird. Nie mehr zurück, das verwinden, fliehen, bis man ein eigenes Zuhause hat, was einen erstickt und auffrißt.« 1964 verließ er Sangerhausen und begann an der Kunsthochschule Berlin ein Studium. Anfang der 1970er sorgten seine Bühnenbilder am Berliner Ensemble erst für Aufmerksamkeit, dann für einen politischen Skandal. Schleef nutzte eine Arbeit am Wiener Burgtheater und blieb 1976 im Westen. Der Künstler litt unter Heimweh, das er schriftstellerisch umsetzte, womit er auch Erfolg hatte. Ans Theater kehrte er erst fast zehn Jahre später zurück. Seine Inszenierungen polarisieren bis heute.

**Adresse** Bahnhofstraße 33, 06526 Sangerhausen, www.spenglermuseum.de | **ÖPNV** vom Bahnhof Sangerhausen 5 Minuten zu Fuß zum Spengler-Museum | **Anfahrt** über die A 38 und die A 71 sowie die B 80 und die B 86 | **Öffnungszeiten** Di – So 13 – 17 Uhr | **Tipp** Besuchen Sie das ErlebnisZentrum Bergbau Röhrigschacht Wettelrode (Lehde 17).

# 89__Das Pretziener Wehr

*Für alle, die nicht übers Wasser gehen können*

Das Pretziener Wehr ist kein Bollwerk gegen slawische Stämme. Es schützt das Gebiet um Magdeburg seit über 130 Jahren effektiv vor dem gefährlichen Hochwasser der Elbe. Wer in der Mitte des 19. Jahrhunderts dort lebte, musste fast in jedem Jahr damit rechnen, dass die Elbe die Deiche zerstört und die Dörfer überflutet. Die Menschen litten unter Hunger und der Angst vor der nächsten Katastrophe.

1869 beschloss die preußische Regierung endlich den Bau des Pretziener Wehrs. Der Beginn der Arbeiten verzögerte sich. Zunächst mussten noch die Franzosen 1871 im Krieg besiegt werden. Das Ergebnis war die Gründung des Deutschen Reichs und die Errichtung des Wehrs in Pretzien. Die Preußen, also die Deutschen, ließen französische Kriegsgefangene die schwere Arbeit verrichten. 1875 war das Wehr fertig. Die Elbe-Anwohner konnten aufatmen und die Franzosen nach Hause zurückkehren.

Entstanden war eine technische Meisterleistung. Für ihre herausragende Arbeit bekamen die Ingenieure vom Pretziener Wehr 1889 bei der Pariser Weltausstellung die Goldmedaille verliehen. Wenn man an die kräftige Mithilfe der Kriegsgefangenen denkt, haben sich die Franzosen quasi auch gleich selbst mit ausgezeichnet. Für dieselbe Weltausstellung war in Paris auch der Eiffelturm errichtet worden. Und genauso wie den berühmten Turm kann man auch das Pretziener Wehr heute noch in seiner ganzen Pracht bewundern. Wie schon 1875 schützt es bei Hochwasser vor Überflutung. Bei Niedrigwasser hindert es das Wasser am weiteren Abfließen und sorgt so dafür, dass der nötige Wasserpegel für die Elbschifffahrt erhalten bleibt. Über 130 Jahre ist es schon alt, und es funktioniert immer noch.

Das Wehr selbst darf man nicht betreten. Aber Sie können die knapp 163 Meter dahinter abschreiten. Vorausgesetzt, das Wehr ist geschlossen. Ansonsten müssen Sie die Strecke abschwimmen.

**Adresse** Am Pretziener Wehr, 39217 Schönebeck (Elbe), www.pretziener-wehr.de | **Anfahrt** über die B 246a, dann über die Magdeburger Straße nach Pretzien | **Öffnungszeiten** ganzjährig, außer bei Hochwasser | **Tipp** Besonders schön ist die Anfahrt mit dem Fahrrad über den Elberadweg.

# 90 Die Landesschule Pforta

*Was mich nicht umbringt, macht mich härter*

Die sieben Todsünden in der Theologie lauten Hochmut, Zorn, Völlerei, Faulheit, Neid, Geiz und Wollust. Ohne anständige Reue führen sie den Sünder direkt in die Hölle. Die Internatsschule Kloster Pforta hat ihre eigene Liste mit »Todsünden«. Dazu gehören das Rauchen im Internat, das nächtliche Verlassen des Schulgeländes und ein übermäßiger Alkoholkonsum. Wer dagegen verstößt, fährt nicht in die Hölle, sondern fliegt von der Schule. Der 17-Jährige in mir empört sich über diese Strenge. Der Vater, der ich jetzt bin, begrüßt die klaren Regeln.

Die Landesschule Pforta existiert seit 1543. Seit dieser Zeit fördert sie ausschließlich begabte junge Menschen. Interessierte Schüler müssen ein besonderes Talent für Musik, Sprachen oder Naturwissenschaften haben. Darüber hinaus müssen sie eine individuelle Aufnahmeprüfung bestehen. In der Regel kommen die Schüler in der 9. Klasse an die Schule. Wer die Internatskosten nicht zahlen kann, hat die Möglichkeit, die Ausbildung über ein Begabten-Stipendium zu finanzieren.

Einer der berühmtesten Stipendiaten war Friedrich Nietzsche. Er besuchte das Internat von 1858 bis 1864. Der zukünftige Philosoph war ein Musterschüler. Klaglos nahm er das unter der Woche geltende Ausgehverbot hin. Die erlaubten Sonntagsspaziergänge nutzte er, um seine Familie zu besuchen. Nur einmal, am 12. April 1863, führte ihn sein Spaziergang in den nahen Bahnhof von Bad Kösen, wo er sich mit großem Vergnügen betrank. Zufällig wurde er dabei von einem Lehrer beobachtet. Nietzsche wurde bestraft, aber nicht, wie es heute der Fall wäre, der Schule verwiesen. Ohne die Schule hätte er nicht studieren können. Und ohne Studium hätte es den Philosophen Nietzsche wahrscheinlich nie gegeben. Nun ist nicht jeder besoffene Internatsschüler ein Philosoph, aber, liebe Internatspädagogen, er könnte einer werden.

Adresse Schulstraße 12, 06628 Schulpforte, www.landesschule-pforta.de | Anfahrt A 4, Ausfahrt Apolda, dann über die B 87 nordwärts über Apolda und Bad Kösen nach Schulpforte; aus Naumburg über die B 87, 1 Kilometer hinter Naumburg | Öffnungszeiten Schulgelände tagsüber für Besucher zugänglich | Tipp Die Besichtigung der ehemaligen Klosterkirche auf dem Gelände lohnt sich.

# 91 Das Grenzmuseum

*Wandern auf dem Todesstreifen*

Vom Tag des Baus am 13. August 1961 bis zum Fall der Mauer am 9. November 1989 starben 751 Menschen an der innerdeutschen Grenze, davon 271 an der sogenannten Landgrenze. So verloren in den 28 Jahren ihres Bestehens nahezu 27 Familien pro Jahr einen nahen Angehörigen. Diese Grenze hat auch ihr Leben zerstört.

Im Grenzabschnitt mit dem sprechenden Namen Sorge kamen in dieser Zeit sechs Männer zu Tode. Wer waren diese Männer? Welche Träume hatten sie? Wer hat sie getötet? An ihren Tod erinnert ein Gedenkstein. Von ihrem Leben wissen wir nichts.

Was wir heute sehr genau wissen, ist, wie nahezu lückenlos diese Grenze war. Im Freiland-Grenzmuseum Sorge kann man Reste der ehemaligen Befestigungsanlagen besichtigen. Es beginnt an der 500-Meter-Sperrzone mit dem Stacheldraht-Signalzaun und der dazugehörigen Hundelaufanlage. Hatte man die überwunden, waren es immer noch 500 Meter bis zur eigentlichen Grenze. In diesem Bereich patrouillierten die Grenzer. War man denen nicht aufgefallen, stand man vor einem drei Meter hohen Drahtzaun. Dieser Draht war ein ganz besonderer Draht. Rostfrei, engmaschig und aus dem Westen. Das Material für den Zaun, der jahrzehntelang Ostdeutsche einsperrte, kam aus Westdeutschland. Das Geschäft war delikat und wurde deshalb über schwedische Mittelsmänner abgewickelt. Es war ein glänzendes Geschäft, schließlich war der Zaun, der Deutschland teilte, 1.400 Kilometer lang.

Denken die Verkäufer von damals heute noch an die Toten der Grenze? Ahnen sie deren Verzweiflung beim Anblick des schier unüberwindbaren Zauns? Der kleine Ort Sorge lag bis 1990 im militärischen Sperrgebiet. Seine Einwohner waren umgeben von Stacheldraht.

Im wiedervereinigten Deutschland ist Sorge ein touristisches Kleinod im Harz. Das Wandern auf dem ehemaligen Todesstreifen erinnert daran, wie großartig ein Leben im grenzenlosen Europa ist.

Adresse Försterbergstraße 5b, 38875 Sorge, www.grenzmuseum-sorge.de | ÖPNV mit der Harzquerbahn bis zum Bahnhof Sorge | Anfahrt über die B 242 | Öffnungszeiten Grenzlandschaft jederzeit begehbar (bitte Witterung beachten); kleines Grenzmuseum im ehemaligen Bahnhofsgebäude im Sommer Mi–Sa 11–16 Uhr und nach Anmeldung | Tipp Von Sorge können Sie mit der Schmalspurbahn zum Brocken fahren.

# 92 Das Uenglinger Tor

*Zeugnis einstiger Größe*

Es gab eine Zeit, da war Stendal die bedeutendste Stadt der Mark Brandenburg. Die Lage an wichtigen Handelsstraßen und die Mitgliedschaft in der Hanse hatten sie reich gemacht. Ihre Repräsentanten waren selbstbewusst und wurden überall mit den gleichen Ehren empfangen wie die Vertreter der kurfürstlichen Residenz Berlin-Cölln. Warum auch nicht? Stendal war mit Berlin absolut auf Augenhöhe. Das ist lange her.

Doch es gibt noch steinerne Zeugen der großen Vergangenheit. Das Rathaus am Marktplatz zum Beispiel. Heute wirkt der Platz etwas verloren, aber er war einmal der gesellschaftliche Mittelpunkt der Stadt. Im großen Saal des Rathauses werden die Wände großflächig von der ältesten nicht kirchlichen Holzschnitzerei Deutschlands geschmückt. Gleich hinter dem Rathaus erhebt sich die Marienkirche. Ein wunderschöner Backsteinbau aus der Mitte des 15. Jahrhunderts. Unter der Orgelempore hängt eine große astronomische Uhr. Sie zeigt einen 24-Stunden-Tag an. Sonne und Mond werden auf dem detaillierten Ziffernblatt als Modelle dargestellt.

Wer Kopfsteinpflaster mag, wird Stendal lieben. Gefühlt alle Straßen, die vom Markt wegführen, sind damit gepflastert. Deshalb empfehle ich, vor der Autofahrt zum Uenglinger Tor den korrekten Sitz des Zahnersatzes zu überprüfen. Das Uenglinger Tor, einst Teil der großen Befestigungsanlage, gehört zu den schönsten Stadttoren Norddeutschlands. Von der ursprünglichen Toranlage steht noch der beeindruckende Turm. Er ist fast 28 Meter hoch und reich verziert. Angreifer sollten sich wahrscheinlich gleichzeitig klein und arm vorkommen. So was nennt man heute psychologische Kriegsführung. In den letzten Jahren der DDR bewohnte ein Mann die Turmzimmer, ohne Strom und fließend Wasser. Der Mann ist weggezogen. Sie können den Turm also in Ruhe besichtigen und von seiner Aussichtsplattform aus ganz Stendal überblicken.

**Adresse** Uenglinger Straße, 39576 Stendal | **ÖPNV** mit dem Zug bis Stendal Hbf. | **Anfahrt** von Magdeburg über die B 189, von Stendal (Markt) über Hohe Bude, Uchtstraße und Winckelmannstraße links auf die Straße »Altes Dorf« und direkt auf die Uenglinger Straße | **Öffnungszeiten** nach Vereinbarung unter Tel. 03931/651190 | **Tipp** Im Dom St. Nikolaus können Sie viele Werke spätmittelalterlicher Glasmalerei bewundern.

# 93 Das Winckelmann-Museum

*Schuster, bleib bei deinen Leisten!*

Johann Joachim Winckelmann wurde am 9. Dezember 1717 in Stendal als Sohn eines Schusters geboren. Und wäre er »bei seinen Leisten« geblieben, hätte also den Beruf des Vaters ergriffen, wäre die Wissenschaft um den wichtigsten Altertumsforscher seiner Zeit und Begründer der methodischen Archäologie betrogen worden. Winckelmann stürzte sich nicht wie Indiana Jones in Abenteuer, sondern vertiefte sich in das sorgfältige Quellenstudium. Sein Leben war trotzdem so aufregend wie ein Film.

Winckelmann wuchs in ärmlichen Verhältnissen auf. Er war ein sehr talentierter Schüler. Mit einem Stipendium durfte er in Halle Theologie studieren, brach das Studium aber ab und fand eine Anstellung als Bibliothekar. Dort fiel er einem Geistlichen aus dem Vatikan auf, der ihm eine Stelle in Rom anbot. Winckelmann griff zu und trat dafür sogar zum Katholizismus über. In Rom, wo er als erster Ausländer die Oberaufsicht über die Antiken hatte, bekam er Zutritt zu den wichtigsten Bibliotheken, traf die bedeutendsten Denker und Künstler seiner Zeit und konnte direkt an den antiken Bauwerken die Richtigkeit der Schriften überprüfen. Aus all diesen Eindrücken entwickelte er eine eigene Kunsttheorie. Seine Gedanken über die Nachahmung griechischer Kunstwerke formulierte er so: »Das allgemeine vorzügliche Kennzeichen der griechischen Meisterstücke ist endlich eine edle Einfalt, und eine stille Größe …«.

Winckelmann war homosexuell. 1768 war er mit seinem Freund auf dem Weg von Italien nach Deutschland. Unterwegs kam es zum Streit, Winckelmann stieg allein in einem Triester Hotel ab. Dort wurde er brutal ermordet. Der Täter wurde zur Strafe gerädert. Schuster, wärst du mal bei deinen Leisten geblieben … dann wäre Winckelmann diesem Ende entgangen, aber garantiert schon Jahrzehnte vorher an Langeweile gestorben.

**Adresse** Winckelmannstraße 36–38, 39576 Stendal, www.winckelmann-gesellschaft.com | **ÖPNV** mit dem Zug bis Stendal Hbf. | **Anfahrt** von Magdeburg über die B 189 | **Öffnungszeiten** Di–So 10–17 Uhr | **Tipp** Möchten Sie sich einmal wie Odysseus fühlen? Dann klettern Sie in das große Trojanische Pferd im Hof.

# 94_Die Alte Kanzlei

*Der erste Anbahnungs-Club*

Die Alte Kanzlei ist das einzig erhaltene Gebäude aus der Zeit Kaiser Karls IV. Der zog 1373 in die um das Jahr 1000 errichtete Burg ein. Karl IV. baute die Anlage zu einem Schloss aus und ließ auch einen Tanzsaal errichten, die heutige Alte Kanzlei von Tangermünde.

Tangermünde liegt direkt an der Mündung der Tanger in die Elbe. Daher auch der Name. Schon im 3. Jahrhundert vor Christus entdeckten die Kelten dieses schöne Fleckchen Erde für sich. Die Kelten oder Gallier, wie die Römer sie nannten, verteilten sich über den ganzen Kontinent. Wer wissen will, was für Typen die Kelten (Gallier) waren, kann das sehr anschaulich in den Asterix-Comics nachlesen.

Kaiser Karl IV. gilt als der bedeutendste europäische Regent des Spätmittelalters. Dieser wichtige Mann hatte sich in Tangermünde verliebt und machte es neben Prag zu seiner Residenz. Karl IV. war ein kultivierter Mann. Die Sitte des märkischen Adels, Frauen und Männer bei Feiern zu trennen, fand er lächerlich und hob sie auf. Stattdessen organisierte er Tanzveranstaltungen, bei denen er Männer und Frauen sogar nebeneinander sitzen ließ. Nur nie die Ehefrau neben den Ehemann. Die waren nämlich häufig auch verwandt. Wahrscheinlich waren dem Kaiser die Folgen von Inzucht bei den Nachkommen aufgefallen. Karl wollte dem entgegenwirken und forderte jeden Mann auf, seine (fremde) Tanz-Nachbarin am Ende des Abends nach Hause zu begleiten. Man könnte also behaupten, Kaiser Karls Tanzveranstaltungen waren so was wie Swingerpartys. Nach dem Tod Karls wurden die Partys eingestellt.

Heute gehört die Alte Kanzlei zum sehr schönen Hotel Schloss Tangermünde. Sie können sie mieten, um darin zum Beispiel Ihre Hochzeit zu feiern. Es sei denn, Sie möchten innerhalb Ihrer Familie heiraten, das ist inzwischen auch in Tangermünde verboten.

**Adresse** Amt 1, 39590 Tangermünde | **ÖPNV** mit dem Zug über Stendal zur Bahnstation Tangermünde | **Anfahrt** A 2, Ausfahrt Magdeburg-Zentrum, auf die B 189 bis Stendal, von dort über B 188 bis Tangermünde | **Öffnungszeiten** Besichtigung nach Vereinbarung unter Tel. 039322/7373 (Hotel Schloss Tangermünde) | **Tipp** Genießen Sie einen Kaffee auf der angrenzenden Terrasse des Hotels. Die herrliche Aussicht auf Elbe und Tanger gibt's gratis dazu (www.schloss-tangermuende.de).

# 95 Die Exempel Gaststuben

*Macht einfach Spaß*

Auf meiner Reise durch Sachsen-Anhalt war ich immer auch auf der Suche nach lebendigen Orten. Nach Orten, in denen etwas Spannendes geschieht. Gefunden habe ich sehr viele solcher Orte. In Tangermünde habe ich zu meinem Glück auch einen Platz entdeckt, wo Geschichten erzählt oder gemacht werden, wo man lacht, trinkt und isst. Einen Platz, wo man einfach eine gute Zeit hat, wo man sich auch allein nicht langweilt, weil die Umgebung sehr originell ist. Die Rede ist von den Gaststuben Exempel.

Die Zimmer im alten Schulhaus sind alle unterschiedlich eingerichtet. Im wieder hergerichteten Schulzimmer können Sie an historischen Schulbänken Platz nehmen. Im Unterschied zu früher dürfen Sie heute dort Bier trinken. Sie sollten bei den schrägen Tischplatten nur Ihr Glas im Auge behalten. Wer es gemütlicher mag, sucht sich seine Ecke in der »Guten Stube«. Die Sofas sehen nach Biedermeier aus, und auf den Tischen liegen Spitzendecken. Wenn Sie es noch bequemer wollen oder der Abend schon etwas fortgeschritten ist, können Sie sich auch ins Schlafzimmer des Hauses zurückziehen. Der Raum bietet Platz für sieben Personen. Mit wie vielen davon Sie das Bett teilen möchten, bleibt Ihnen überlassen. Jede Etage ist anders, jeder Raum eine eigene Welt. Sie können im Prinzip jeden Tag in eine andere Kneipe gehen und trotzdem immer im Exempel landen.

Jede Kneipe schließt irgendwann, oft gerade dann, wenn es am schönsten ist. Das ist meistens ärgerlich, im Fall des Exempels kein Problem. Sie gehen einfach über die Straße und checken in den Exempel Schlafstuben ein. Da geht der Wahnsinn nämlich weiter. 18 Gästezimmer gibt es dort, und jedes widmet sich einem anderen Thema aus der Geschichte von Tangermünde. Mein Favorit ist das Kaiser-Karl-Gemach mit einem Holzzuber zum Baden und einem Toilettenthron zum …

Regieren, was sonst?

**Adresse** Kirchstraße 40, 39590 Tangermünde, www.exempel.de | **ÖPNV** mit dem Zug über Stendal zur Bahnstation Tangermünde | **Anfahrt** A 2, Ausfahrt Magdeburg-Zentrum, auf die B 189 bis Stendal, von dort über B 188 bis Tangermünde | **Öffnungszeiten** 3. Jan. – 31. März Mo – So 6.30 – 22 Uhr | **Tipp** Besichtigen Sie die ehemalige Grenzburg Tangermünde.

# 96 Die Orgel in St. Stephan

*So klingt's im Himmel*

Wenn die ersten Takte der Toccata und Fuge in d-Moll von Johann Sebastian Bach durch die Kirche St. Stephan hallen, sollten Sie sitzen. Denn sonst könnte es passieren, dass die Orgel Sie aus den Schuhen bläst.

Die Toccata und Fuge in d-Moll ist das wohl bekannteste Orgelstück der Musikgeschichte. Und die Orgel der Stephanskirche in Tangermünde wurde von einem der berühmtesten Orgelbauer geschaffen, von Hans Scherer dem Jüngeren aus Hamburg. Hans entstammte der dritten Generation der berühmten norddeutschen Orgelbauerdynastie Scherer. Seine Tangermünder Orgel ist heute die einzige, von der sowohl das prachtvoll geschnitzte Gehäuse als auch etwa die Hälfte der originalen Pfeifen erhalten sind. Scherer stellte die barocke Orgel 1624 fertig, 61 Jahre vor Bachs Geburt. Gut vorstellbar, dass er von Musik wie der Toccata und Fuge in d-Moll träumte, als er die Pfeifen in die Orgel setzte.

Die Epoche des Barock war geprägt vom Absolutismus. Die Kultur blühte unter der Förderung von Herrschern wie dem französischen König Ludwig XIV. auf. Gleichzeitig wurde der Habitus der Mächtigen, das Monumentale und Repräsentative, in der Architektur, im Gartenbau und eben auch in der Musik bis zur Übertreibung imitiert.

Von Johann Wolfgang von Goethe stammt der Satz: »Die Kunst ist eine Vermittlerin des Unaussprechlichen.« Die Musik von Bach, gespielt auf einer Orgel von Scherer, ist unaussprechlich schön. Sie vermittelt das Gefühl, dass es etwas gibt, das größer ist als man selbst.

Atheisten lassen sich durch ein Orgelkonzert wahrscheinlich nicht gleich zum Christentum bekehren, aber die Klänge öffnen ein Fenster in die Herzen der Menschen. Wer also ein Herz hat, wird die Kirche nach einem Orgelkonzert als glücklicher und besserer Mensch verlassen.

Adresse Pfarrhof 6, 39590 Tangermünde, www.sankt-stephan-tangermuende.de | ÖPNV mit dem Zug über Stendal zur Bahnstation Tangermünde | Anfahrt A 2, Ausfahrt Magdeburg-Zentrum, auf die B 189 bis Stendal, von dort über B 188 bis Tangermünde | Öffnungszeiten Mo–So 11–18 Uhr | Tipp Gehen Sie zum Bootshafen an der Tanger. Von dort hat man den schönsten Blick auf Tangermünde.

# 97__Das Bodetal

*(Grand) Canyon*

Am Brocken, dem höchsten Berg im Harz, entspringt die Bode. Eine Quelle, nicht viel mehr als ein Bach, sobald er ans Licht kommt. Doch dieser Bach schneidet sich gnadenlos in den harten Granit des Berges. Das macht er so unerbittlich, dass sich in Millionen von Jahren eine tiefe Schlucht in das Gestein gefressen hat: das Bodetal. Bei Treseburg geht es 140 Meter und bei Thale sogar 280 Meter in die Tiefe. Mit rund 470 Hektar gehört das Bodetal zu den größten Naturschutzgebieten in Sachsen-Anhalt und zu einem der beliebtesten Ausflugsziele. Das Bodetal ist alles, nur keine neue Entdeckung oder ein Geheimtipp. Und trotzdem muss ich in diesem Buch darauf hinweisen, aus einem einfachen Grund: Ich habe mich in diese Landschaft verliebt. Sie ist wild, romantisch und sagenhaft schön.

Auf zehn Kilometern erstrecken sich extreme Steilwände und wechseln sich dichte Wälder mit blühenden Wiesen ab, vorausgesetzt, man besucht das Tal in der warmen Jahreszeit. Noch vor 200 Jahren war das Bodetal vom Menschen nahezu unberührt. Nur an wenigen Stellen konnte man bis zum reißenden Ufer der Bode vordringen. Erste schmale Wanderwege entstanden erst ab 1818.

Wahrscheinlich fällt es dem Wanderer gar nicht auf, doch ändert sich im Bodetal das Mikroklima sehr schnell. In den dunklen Seitenschluchten existieren Paradiese für Schattenpflanzen aller Art. In den sonnigen Ecken blühen Blumen wie die Alpen-Aster, ein echtes Relikt aus der Eiszeit, und sogar Orchideen. Wer bei der Vorstellung von Blumen nicht gleich entzückt ist, wird vielleicht bei dem Gedanken an kreisende Wanderfalken, Wespenbussarde auf der Jagd und einen Rotmilan im Nest hellhörig.

Und wenn man Glück hat, weil man vielleicht allein wandert oder in einer kleinen, ruhigen Gruppe, dann kann man sogar einen Luchs beobachten. Diese Wildkatze gibt es nämlich auch wieder im Bodetal.

**Adresse** 06502 Thale | **Anfahrt** über die L 92 | **Öffnungszeiten** ganzjährig, je nach Wetterlage | **Tipp** Der Besuch im Harzer Bergtheater auf dem Hexentanzplatz von Thale ist Kultur- und Naturgenuss in einem (Infos unter www.harzer-bergtheater.de).

# 98 Das Wandgemälde

*Die Utopie stirbt zuletzt*

»Der internationale Charakter der Offensive des Marxismus-Leninismus«, das ist keine alte Schlagzeile aus dem »Neuen Deutschland«, sondern der Titel eines 25 mal 7 Meter großen Wandbilds vom in der DDR vielfach ausgezeichneten Maler Willi Neubert. Der Künstler schuf es 1978 im Auftrag der Stadt Suhl, wo es in Emaille auf Stahl bis Anfang der 1990er Jahre an der Sporthalle am Stadthallenbau leuchtete.

Wer heute am Bahnhof Thale aussteigt, kann Willi Neuberts Bild in seiner Heimatstadt begutachten. Seit November 2010 schmückt es nämlich die dem Bahnhof gegenüberliegende Wand. Es handelt sich dabei um die Außenfassade einer Halle des ehemaligen Eisen- und Hüttenwerks Thale. Dieses Werk war der Hersteller der für dieses Bild verwendeten Emaille. Die Kunst ist sozusagen nach Hause zurückgekehrt. Neuberts großformatige Wandbilder aus Industrieemaille schmückten viele Großstädte der DDR. Das neue Material sollte die frohe Botschaft vom Sieg des Sozialismus in die Ewigkeit tragen. Die dauerte bekanntlich bis 1989, und schneller, als eine Landschaft erblühen kann, wurden die meisten Bilder von Willi Neubert wieder abmontiert. Das macht das Bild in Thale heute zu einer echten Rarität.

Aber was wollte der Künstler mit »Der internationale Charakter der Offensive des Marxismus-Leninismus« dem Sporthallenbesucher damals sagen? Die Zukunft ist bunt, und im Zentrum stehen Frauen im Nachthemd? Ich weiß es nicht, aber wäre die Wirklichkeit in den marxistisch-leninistischen Ländern nur annähernd so international und bunt gewesen, ich würde nie aufhören, ihr nachzuweinen.

Es bleibt uns heute der Blick auf ein Werk, das man dem Sozialistischen Realismus zuordnen kann, das aber nichts von der damaligen Realität abbildet. Insofern ist es also wieder echte Kunst und bietet dem Auge eine willkommene Abwechslung zur Harzer Fachwerkidylle.

Adresse Mühlenstraße, 06502 Thale (gegenüber dem Bahnhof) | ÖPNV mit dem Zug aus Magdeburg, Haltestelle Bahnhof Tahle | Anfahrt über die L 92, Parkmöglichkeiten am Bahnhof | Tipp Sind Sie schwindelfrei? Dann lassen Sie das Auto stehen und nehmen die Seilbahn hinauf zur Rosstrappe. Die Talstation ist in der Nähe des Bahnhofs.

# 99 Die Teufelsmauer

*Sympathy for the devil*

Vor langer, langer Zeit tobte ein Kampf zwischen Gut und Böse auf der Erde. Der Teufel verlangte seinen Anteil. Der wunderschöne Harz sollte ihm gehören. Gott versprach dem Teufel das Gebiet, wenn es ihm gelänge, in nur einer Nacht eine gewaltige Mauer drum herum zu errichten. Der Teufel sagte, das sei kein Problem, und machte sich an die Arbeit. Er haute voll rein und schuf so Stein um Stein die gewaltige Mauer in der Dunkelheit. Als Gott erkannte, dass der Teufel seine Aufgabe bewältigen würde, schickte er – Achtung! jetzt kommt's – eine Bäuerin aus Timmenrode mit einem Hahn im Korb zum Markt. Die stolperte durch die Nacht und fiel prompt über einen Kieselstein. Der Hahn plumpste aus dem Korb und begann aufgeregt zu krähen. Der Teufel, offensichtlich nicht der Schlauste, dachte sofort, es ist zwar noch stockdunkel, aber wenn der Hahn kräht, bricht ja wohl der Tag an. Tja, und da er das glaubte, war er auch davon überzeugt, dass er seine Aufgabe nicht zu Ende gebracht hätte. Und da der Teufel nicht nur doof, sondern auch ein Choleriker ist, schleuderte er den Schlussstein wütend in seine riesige Mauer. Stehen blieben nur die Bruchstücke, die wir heute »Teufelsmauer« nennen. So weit die Fakten. Kommen wir nun zur Sage. Oder umgekehrt?

Die Teufelsmauer ist eine aus hartem Sandstein bestehende Felsformation. Sie verläuft von Blankenburg über Weddersleben und Rieder bis nach Ballenstedt. Die Teufelsmauer ist eines der ältesten Naturschutzgebiete Deutschlands. Es gibt viele namenlose Felsen, aber die herausragenden Einzelfelsen tragen schöne Eigennamen. Zwischen Timmenrode und Blankenburg heißen zwei zum Beispiel Großvater und Großmutter. Ich denke, das sollte man wissen, bevor man sie besteigt.

Zum Schluss noch eine Frage: Was wäre eigentlich aus dem Harz geworden, wenn der Teufel seine riesige Mauer drum herum rechtzeitig beendet hätte? Die DDR?

Adresse 06502 Timmenrode | ÖPNV mit dem Bus aus Thale oder Ballenstedt bis Haltestelle Timmenrode | Anfahrt über die L 92 | Tipp Lassen Sie die Puppen oder gleich die Hexen tanzen – auf dem Hexentanzplatz in Thale.

# 100_Das Geleitshaus

*Oh wie wohl ist mir mit Wasa …*

Wasa ist ein Knäckebrot und ein schwedisches Herrschergeschlecht. Sein schillerndster Vertreter war Gustav II. Adolf, König und eine der wichtigsten Gestalten im Dreißigjährigen Krieg.

Der schwedische König führte seine Truppen im November 1632 in die Schlacht bei Lützen. In dem heute in Sachsen-Anhalt liegenden Ort standen ihm die katholischen Truppen unter dem Kommando von Wallenstein gegenüber. Diesen Wallenstein ließ Friedrich Schiller im gleichnamigen Drama sagen: »Und setzet ihr nicht das Leben ein, nie wird euch das Leben gewonnen sein.« Gustav II. Adolf setzte in der Schlacht sein Leben ein und verlor es. Entgegen der Warnungen seiner Generäle führte er beherzt einen Reiterangriff an. Ein gezielter Schuss machte dem ein Ende. Der König starb. Die Schlacht wurde erbarmungslos weitergeführt. Über Gefangene gibt es auf beiden Seiten keine Aufzeichnungen, wohl aber über die Toten. In der Nacht fand man den toten König, ausgeraubt und halb entkleidet, unter einem Leichenberg vergraben. Man brachte ihn ins Geleitshaus im nahe gelegenen Weißenfels.

Der Weißenfelser Apotheker Casparus König sollte den Leichnam sezieren. Vielleicht zitterten ihm wegen der delikaten Aufgabe die Hände, jedenfalls ist noch heute ein Fleck von Gustav Adolfs Blut an der Wand zu besichtigen. Der Apotheker machte ansonsten seine Arbeit gut. Er präparierte die Leiche für den langen Rückweg nach Schweden. Erst ein halbes Jahr später kam der Sarg nach Wolgast. Am 16. Juli 1633 wurde er dort eingeschifft und nach Schweden gebracht, wo der Leichnam in Stockholm endgültig beigesetzt wurde. Sein Rivale Wallenstein fiel nur Monate später einem Mordkomplott aus den eigenen Reihen zum Opfer. Man könnte sagen: Wie gewonnen, so zerronnen.

Das Geleitshaus bietet allen »Schlachtenbummlern« eine lohnende Ausstellung zur Schlacht und ihrem prominentesten Opfer.

**Adresse** Große Burgstraße 22, 06667 Weißenfels, www.geleitshaus.com/museum | **ÖPNV** mit dem IC bis Weißenfels Bahnhof | **Anfahrt** A 9, Ausfahrt Weißenfels | **Öffnungszeiten** Di–Fr 15–21, Sa, So 10–18 Uhr und nach Vereinbarung | **Tipp** Nach der Schlacht erwartet Sie ein kühles irisches Bier im Pub unter dem Museum.

# 101 Das Novalis-Haus

*Glück ist gleich Talent für das Schicksal*

Das Schicksal meinte es zunächst gut mit Friedrich von Hardenberg, der unter dem Künstlernamen »Novalis« der bedeutendste Dichter der deutschen Frühromantik wurde. Er war gesegnet mit vielen Talenten. Novalis heißt so viel wie »der Neuland Bestellende«. Neuland betrat er mit seinem Streben nach der »Romantisierung der Welt«. Er suchte stets nach der Verbindung von Wissenschaft und Poesie.

Novalis wurde am 2. Mai 1772 geboren. 1785 kam er mit seiner Familie in das Haus in Weißenfels. In Eisleben besuchte er das Gymnasium und las bereits in jungen Jahren Schriften der Naturwissenschaften, des Rechts, der Philosophie, Politik und Wirtschaft. Er war schon umfassend gebildet, als er zum Studium nach Jena, Leipzig und Wittenberg ging. 1791 besuchte er eine Geschichtsvorlesung von Schiller. Eine Begegnung, die später sein Schicksal besiegeln sollte. Als Schiller mit Tuberkulose darniederlag, besuchte und pflegte Novalis ihn.

Am 17. November 1794 verliebte er sich auf der Straße und auf der Stelle in Sophie von Kühn, mit der er sich schon ein halbes Jahr später verlobte. Eine echte Romanze, die leider ohne Happy End blieb. Sophie erkrankte schwer, erholte sich wieder, erlitt einen Rückfall, musste schließlich drei schwere Operationen ohne Narkose über sich ergehen lassen und starb kaum 15-jährig in seinen Armen. Ihren Tod verarbeitete er immer wieder in seinen Werken, wie etwa 1800 in den »Hymnen an die Nacht«. Doch er kam nie darüber hinweg. Im selben Jahr brach bei Novalis die Tuberkulose aus, mit der er sich Jahre zuvor bei seinem Dichterfreund Schiller angesteckt hatte.

Am 25. März 1801 starb Novalis mit nur 28 Jahren in Weißenfels. Wen die Götter lieben, den lassen sie jung sterben, heißt es. Im Novalis-Haus beleuchtet eine Ausstellung Leben und Werk des Frühromantikers. Im Gartenpavillon werden regelmäßig Lesungen veranstaltet.

Adresse Klosterstraße 24, 06667 Weißenfels, www.museum-weissenfels.de | ÖPNV mit dem IC bis Weißenfels Bahnhof | Anfahrt A 9, Ausfahrt Weißenfels | Öffnungszeiten Di – Fr 10 – 17 Uhr, Sa, So 10 – 12 und 13 – 17 Uhr | Tipp Besuchen Sie das Schloss Neu-Augustusburg in der Zeitzer Straße 4.

# 102 Werben

*Gar nicht bieder*

Es führen nicht alle Straßen nach Werben, aber doch einige. Ich empfehle Ihnen die Straße von Havelberg, denn so können Sie mit der Fähre bei Räben die Elbe überqueren. Die Elblandschaft und das gemächliche Übersetzen sind ein besonderes Erlebnis. Vom anderen Ufer führt eine sehr schöne, vier Kilometer lange Allee nach Werben. Bei der Fahrt auf die Stadt fällt besonders die Kirche St. Johannis auf. Die wirkt riesig für diesen kleinen Ort. Ihr großes, leuchtend rotes Satteldach dominiert die Silhouette von Werben. 1160 schenkte Markgraf Albrecht der Bär die Kirche dem Johanniterorden. Die Johanniter errichteten auf dem Fundament der alten Kirche das bis heute beeindruckende Bauwerk.

Werben nimmt auf der Liste der kleinsten Städte Deutschlands Platz 20 ein, zwischen Orlamünde und Neustadt am Kulm. Dass es nicht ganz von der Landkarte verschwindet, dafür kämpfen die rund 1.200 Einwohner von Werben. Im Arbeitskreis Werben Altstadt e.V. haben sich die engagiertesten von ihnen zusammengeschlossen, mit einigem Erfolg. Der Marktplatz ist umstanden von sorgfältig sanierten Häusern. Es gibt mehrere Kneipen und Restaurants. Besucher können in Hotels, sehr schönen Ferienwohnungen und liebevoll wiederhergestellten alten Häusern übernachten. Oder Sie campen und verbringen Ihren Angelurlaub in Werben und springen zum Abkühlen direkt in eine der idyllischen Elbbuchten.

Werben bietet jede Menge aktive Erholung und Kultur. Rockmusik gibt es beim jährlichen Festival »Rock in Räbel« im Mai, und Gäste, die es ruhiger angehen lassen wollen, lockt im Juni der Biedermeiersommer. Als Biedermeier wird die Epoche zwischen dem Wiener Kongress 1815 und der bürgerlichen Revolution 1848 bezeichnet. Berühmt ist der Biedermeier für seine Möbel, Mode und Hausmusik. Berüchtigt, weil er als konservativ und Flucht ins Idyll gilt.

Werben wirkt überhaupt nicht konservativ, ist aber ein echtes Idyll.

Adresse 39615 Werben, www.werben-elbe.de | Anfahrt von Stendal über die L 16, von Havelberg über die L 2, dann mit der Fähre | Tipp Paddeln Sie gemütlich auf der Elbe durch die beruhigende Auenlandschaft rund um Werben.

# 103 Das Karl-Marx-Denkmal

*Proletarier aller Länder, vereinigt euch!*

Am 5. Mai jeden Jahres versammeln sich immer einige Gestalten an der Salzbergstraße / Ecke Flutrenne. Diese Menschen wollen keine verspätete Maifeier veranstalten, sondern den Geburtstag von Karl Marx feiern. An dieser Kreuzung steht nämlich Deutschlands erstes Denkmal, das dem Begründer des Wissenschaftlichen Sozialismus gewidmet ist. Geschaffen hat es der Künstler Heimo Mrosowski, der von 1948 bis 1962 in Wernigerode wirkte. Er starb 1981 in Bremen, was bedeutet, dass er sich irgendwann vom gelebten Marxismus in der DDR entfernt haben muss. Entfernt wurden auf dem Gebiet, das früher DDR hieß, auch viele Spuren der Erinnerung an Karl Marx. Konnte man sich früher in jeder Stadt an besonderen Tagen »freiwillig« an einem Denkmal versammeln, ist das Wernigeroder Marx-Ehrenmal inzwischen eines der letzten seiner Art.

Aber auch das Wernigeroder Denkmal war schon einmal verschwunden. Und wäre das nicht erst Mitte der 1990er Jahre geschehen, sondern schon zehn Jahre zuvor, hätte die Zeitungsmeldung dazu wahrscheinlich folgendermaßen gelautet: »Aufgehetzt von imperialistischer Schund- und Schmutzliteratur rissen fehlgeleitete Jugendliche in einer Nacht- und Nebelaktion den Kopf des großen Sohnes der deutschen Arbeiterklasse von seinem Sockel und versenkten ihn in einem revanchistischen Akt im nahe gelegenen Teich. Die Werktätigen der Stadt Wernigerode und ihre Organe sind empört!« Im Nachwende-Wernigerode wurde dieser Vorfall unaufgeregter zur Kenntnis genommen und der originale Marx-Kopf nach seiner Bergung kurzerhand ins sichere Museum gebracht. Heute ziert eine Kopie den Sockel.

Vertreter der Linken erinnern am 5. Mai trotzdem immer mit ein paar kämpferischen Worten an ihren theoretischen Helden. Denn wie sagte Karl Marx einst selbst: »Alle Revolutionen haben bisher nur eines bewiesen, nämlich, dass sich vieles ändern lässt, bloß nicht die Menschen.«

**Adresse** Salzbergstraße / Ecke Flutrenne, 38855 Wernigerode | **ÖPNV** Bus 2 vom Hauptbahnhof, Haltestelle Salzbergstraße | **Anfahrt** über die A 36 | **Tipp** Vom Erfinder des Sozialismus zum Erbe des Feudalismus ist es nicht weit. Besuchen Sie Schloss Wernigerode.

# 104 Das kleinste Haus

*Platz ist in der kleinsten Hütte!*

1986 machte der Film »40 qm Deutschland« in der Bundesrepublik Furore. Er beschreibt das Leben eines türkischen Ehepaars, in dem die Frau niemals die Wohnung verlassen darf. Ihr deprimierendes Leben spielt sich ausschließlich auf den im Titel genannten 40 Quadratmetern ab.

Bis 1976 lebte in Wernigerode eine Frau in einem Haus auf acht Quadratmetern. Sie hätte ihr Heim jederzeit verlassen können, was sie bis zu ihrem Tod aber nie endgültig tat.

Sie war die jüngste Tochter eines Oberschaffners, der genau dieses Haus seit 1904 mit seiner Frau und sage und schreibe sieben Kindern bewohnte. Das macht 0,88 Quadratmeter für jeden. Und wer jetzt denkt »O mein Gott, da würde ich ja eingehen«, dem sei gesagt, dass zeitweise sogar noch ein Untermieter im Haus wohnte. Das führte, ob man nun wollte oder nicht, zu großer Nähe. Zu so großer Nähe, dass die schon oben erwähnte jüngste Tochter den Untermieter später heiratete. Nach seinem Tod lebte sie bis 1976 allein in ihrer »Villa«. Im Testament vermachte sie das kleinste Haus von Wernigerode der Stadt.

Seit 1993 ist es nun ein Museum. Das in der Mitte des 18. Jahrhunderts gebaute Fachwerkhaus misst bis zum Dachtrauf 4,20 Meter, die Breite beträgt gerade mal 2,95 Meter. Im Haus befindet sich nur ein einziger Raum, und der ist eben acht Quadratmeter groß oder besser klein. Auf dieser Fläche haben bis zu zehn Menschen gelebt. Um zu erahnen, wie sich das anfühlt, sollte man sein Abendessen mit der Familie einfach mal im Besenschrank einnehmen. Nehmen wir uns ein Beispiel, rücken wir zusammen und sparen so Platz und jede Menge Geld, allein an Heizkosten. Wenn so viele Menschen aufeinanderhocken, wärmen die sich doch gegenseitig. Also, Häuslebauer, aufgepasst! Rechnen Sie Ihren Hauskredit mal mit einer Wohnfläche von acht Quadratmetern durch. Das Ergebnis wird Ihrem Bankberater die Tränen in die Augen treiben.

Adresse Kochstraße 43, 38855 Wernigerode, www.wernigerode.de | ÖPNV Bus 2 vom Bahnhof, Haltestelle Forckestraße | Anfahrt über die A 36 | Öffnungszeiten Di–So 10–15 Uhr, Nov.–April Mo geschlossen | Tipp Das Rathaus von Wernigerode sollten Sie sich nicht entgehen lassen.

# 105 Das Lebensbornheim

*Menschenzuchtanlage*

Am 1. September 1937 eröffnete in Wernigerode das »Lebensbornheim Harz«. Was nach einem Ferienlager klingt, war in Wirklichkeit eine Zuchtanstalt der SS. Mehr als 1.000 Kinder wurden im »Lebensborn Harz« zwischen 1937 und 1945 geboren. Aus ihnen wollten die Nazis den »Adel der Zukunft« rekrutieren.

Die meisten ihrer Mütter waren nicht verheiratet. Die meisten Väter schon, was moralisch kein Problem darstellte, soweit sie ranghohe Nazis waren. Die Schwangeren brauchten den sogenannten »Ariernachweis« bis ins Jahr 1800. So wollte die SS eine »qualitative Verbesserung des Nachwuchses unter Zuchtkriterien im Sinne der nationalsozialistischen Rassenhygiene« erreichen. Sie hätten besser auf ihre geistige Hygiene achten sollen.

Die werdenden Mütter wurden in den Heimen sehr gut betreut. Sie genossen das für die Kriegszeit üppige Essen und den hohen medizinischen Standard. Nach der Geburt wurde eine Namensgebungsfeier abgehalten. In diesem der christlichen Taufe nachempfundenen Ritual stand dem Neugeborenen ein SS-Mann als Pate zur Seite. Der hielt dabei schützend seinen Dolch über das Kind. Eine schaurige Vorstellung.

Überall in den besetzten Gebieten entstanden Lebensbornheime, die als Heime dienten. Himmler hatte befohlen, jedes »arisch« aussehende blonde und blauäugige Kind zwecks »Eindeutschung« einfach zu entführen. Diese Kinder landeten dann in den Lebensbornheimen. Dort bekamen sie neben dem Deutschunterricht gleich eine komplett neue Identität, bevor sie an stramme Nationalsozialisten im Reich verteilt wurden.

Nach dem Krieg nutzte man das Objekt bis 1990 als Geburtsklinik. Inzwischen beherbergt es ein Lehrlingswohnheim. Doch Lehrlinge gibt es in der Region immer weniger. Es ist gut möglich, dass in absehbarer Zeit ein Altenheim einzieht. Vielleicht kehren dann auch einige der einstigen Lebensborn-Säuglinge wieder zurück.

Adresse Brockenweg 1, 38855 Wernigerode | ÖPNV Bus 2 vom Bahnhof, Haltestelle Salzbergstraße | Anfahrt über die A 36 | Öffnungszeiten nur von außen zu besichtigen | Tipp Wer zu den Sternen will, erfährt im Museum für Luftfahrt und Technik, wie er dorthin kommt (Gießerweg 1, www.luftfahrtmuseum-wernigerode.de).

# 106 Die Milbenkäsemanufaktur

*Hauptsache, es schmeckt!*

Wer Milbenkäse mag, ist entweder ein Gourmet, oder ihm graut es vor nichts. Es kostet einige Überwindung, einen Käse zu probieren, auf dem Zigtausende Tiere krabbeln, die unter dem Mikroskop aussehen wie achtbeinige Monster. Der Milbenkäse ist eine Herausforderung an unser ästhetisches Empfinden. Wenn man sich dieser Herausforderung stellt, wird man dafür mit einem besonderen Genuss belohnt. Trotzdem bleibt die Frage, wer sich denn so etwas bitte schön ausdenkt. Eine Frage, die man sich auch stellen kann, wenn man daran denkt, dass eine besondere balinesische Kaffeebohne erst dann zur teuren Delikatesse wird, wenn sie vor der Röstung von einer Katze geschluckt und wieder ausgeschieden wurde. Wer kam auf die Idee, sich daraus seinen Kaffee zu brühen?

Bei jeder Lagerung von Käse kann es zu Milbenbefall kommen. Die Würchwitzer machten im Mittelalter aus der Not eine Tugend und begannen, die Milbe als ihren Freund zu betrachten. Sie hörten auf, die Milben ärgerlich wegzuwischen, und überließen ihnen den Käse. So stellten sie fest, dass die Milben den Käse nicht verdarben. Im Gegenteil, sie machten ihn viel länger haltbar. Zur Herstellung von Milbenkäse wird Magerquark einige Tage lang getrocknet. Aus der trockenen Masse werden kleine Würste und Kugeln geformt. Diese Kugeln und Würste legt man in eine dunkle Kiste, die von Millionen von Milben bewohnt wird. Die Milben knabbern am Käse und sorgen mit ihrem Speichel für die nötige Reife. Damit sie nicht den ganzen Käse auffressen, werden sie zusätzlich mit Roggenmehl gefüttert. Welche Zutaten sonst noch für die Zubereitung des Milbenkäses notwendig sind, wird seit Generationen nur innerhalb der Würchwitzer Familien weitergegeben.

Heute vertreibt die Milbenkäsemanufaktur ihre Spezialität in ganz Europa. Der Käse schmeckt am besten pur oder auf Brot.

Adresse Sporaer Straße 8, 06712 Würchwitz, www.milbenkaese.de | Anfahrt von Zeitz über die B 180 und die K 2214 | Öffnungszeiten Besichtigung nach Anmeldung unter Tel. 034426/21346 möglich | Tipp Wenn Sie planen, eine Familie zu gründen, interessiert Sie vielleicht das Deutsche Kinderwagenmuseum auf Schloss Moritzburg.

# 107 Die Lutheriden- und Stiftsbibliothek

*Luther lebt!*

Es gibt Momente im Leben, da wünschen sich Kinder, sie wären vertauscht oder adoptiert worden. Die eigenen Eltern können schon mal peinlich sein. Erwachsene lassen sich sogar hypnotisieren, um bei sogenannten Rückführungen in frühere Leben zu schlüpfen. Meistens war man Pharaonin, Wikinger oder Königin. Mindestens!

Die Lutheriden in Zeitz müssen sich nicht in irgendwelche Phantasien flüchten. Sie sind direkte Nachkommen von Martin Luther und seiner Frau Katharina von Bora. Die Verwandtschaft zum großen Reformator macht schon was her. Wenn man glaubhaft versichern kann, dass der Urgroßschwippschwager mütterlicherseits der Halbcousin von Luthers Neffen war, ist man auf jeder Party der Mittelpunkt.

Um solcherlei Eitelkeiten geht es den derzeit ungefähr 200 Lutheriden natürlich nicht. Sie wollen das Andenken an Martin Luther bewahren und sammeln und sortieren alles, was Luther selbst schrieb oder was über ihn geschrieben wurde. Dieser Bücherschatz hat sein Zuhause im beeindruckenden barocken Torhaus von Schloss Moritzburg gefunden.

Die Zeitzer Moritzburg entstand im 17. Jahrhundert auf den Fundamenten einer Burganlage aus dem 10. Jahrhundert. Diese schützte das damalige Bistum Zeitz. Fast 600 Jahre war Zeitz Bischofssitz.

Bischöfe und Geistliche waren in dieser Zeit zumeist die Einzigen, die lesen und schreiben konnten. So ist es kein Zufall, dass in ihren Mauern eine umfangreiche Bibliothek zustande kam. Das, was davon übrig blieb, bildete den Grundstein einer zweiten Bibliothek im Torhaus von Schloss Moritzburg, der bedeutenden Stiftsbibliothek.

**Adresse** Schloßstraße 6, 06712 Zeitz, Tel. 03445/2301142, www.stiftsbibliothek-zeitz.de | **ÖPNV** mit der Regionalbahn von Leipzig bis Bahnhof Zeitz | **Anfahrt** A 38, Ausfahrt Leuna, Richtung Weißenfels, auf der B 91 25 Kilometer über Weißenfels bis Zeitz | **Öffnungszeiten** nach Vereinbarung unter Tel. 03441/213771 | **Tipp** Nach einem heißen Sommertag gibt's nichts Schöneres als ein Bad im Mondsee in Hohenmölsen.

# 108 Das Oskar-Brüsewitz-Denkmal

*Was ist Freiheit?*

Am Morgen des 18. August 1976 bittet der Pfarrer Oskar Brüsewitz seine Tochter, für ihn ein Kirchenlied zu spielen. »So nimm denn meine Hände und führe mich bis an mein selig Ende« lauten dessen erste Zeilen. Oskar Brüsewitz steigt danach in den Wartburg und fährt nach Zeitz. Dort hält er unmittelbar vor der Michaeliskirche, steigt aus und stellt ein Plakat auf das Dach des Wartburg. Darauf ist zu lesen: »Die Kirche der DDR klagt den Kommunismus an! Wegen Unterdrückung in Schulen an Kindern und Jugendlichen.« Schnell bildet sich eine Menschenmenge um das Auto des Pfarrers. Die weicht erschrocken zurück, als der sich aus einer großen Milchkanne mit Benzin übergießt und anzündet. Meterhoch schlagen die Flammen. Menschen, die sie löschen wollen, weicht Brüsewitz aus. Als es endlich gelingt, die Flammen zu ersticken, ist es zu spät. Drei Tage später stirbt Brüsewitz an den Folgen seiner Selbstverbrennung.

War Oskar Brüsewitz verrückt, ein Held oder einfach nur ein aufrechter Mensch? Oskar Brüsewitz war wegen seiner Originalität bekannt und beliebt. Er hatte in seiner Gemeinde ein lebendiges Jugendleben organisiert. Das passte der Stasi nicht, sie machte bei seinen Vorgesetzten Druck, drohte damit, Brüsewitz in eine Nervenheilanstalt einliefern zu lassen. Im Juli 1976 forderte ihn sein Vorgesetzter schließlich auf, die Pfarrstelle zu wechseln. Einen Monat später fuhr er mit einer Milchkanne voll Benzin nach Zeitz.

Hunderte Pfarrer aus der ganzen DDR kamen zu seiner Beisetzung. Eine Welle der Solidarität erfasste die Evangelische Kirche und zwang die DDR-Führung, große Zugeständnisse zu machen. Was ist Freiheit? Für Oskar Brüsewitz war der spektakuläre Selbstmord die letzte Möglichkeit der freien Meinungsäußerung. Sein Denkmal steht vor der Michaeliskirche.

Adresse Michaeliskirchhof, 06712 Zeitz | ÖPNV mit der Regionalbahn von Leipzig bis Bahnhof Zeitz | Anfahrt A 38, Ausfahrt Leuna, Richtung Weißenfels, auf der B 91 25 Kilometer über Weißenfels bis Zeitz | Tipp In der Michaeliskirche können Reformationsfans einen Originaldruck der Luther-Thesen besichtigen.

# 109__Der Park von Schloss Moritzburg

*Tag und Nacht*

Zeitz ist nicht gerade für sein atemberaubendes Nachtleben bekannt. Aber einmal im Jahr bekommt auch der erlebnisverwöhnte Großstädter bei Einbruch der Dunkelheit in Zeitz leuchtende Augen. Nicht, weil er bei der rasanten Durchfahrt erschrocken in den Blitz einer mobilen Radarstation starrt, nein, weil er oder sie zu Gast bei einem wirklich magischen Event ist: dem Lichterfest im Park von Schloss Moritzburg. Zu diesem Anlass wird an einem Abend im Mai die gesamte Anlage zum Schauplatz einer romantischen Illumination. Das heißt, es werden überall Kerzen angezündet. Es wird sogar eine Lichterfee gekürt, die man sich hoffentlich vorher bei Tageslicht angeguckt hat. Und als Höhepunkt, wie könnte es bei einem Lichterfest anders sein, gibt es ein spektakuläres Feuerwerk.

Ein Feuerwerk für die Sinne ist die Anlage auch bei Tag. Es blüht in allen Farben, die Bienen summen, und das Wasser plätschert. Schon 1665 entstand vor den Schlossmauern der barocke Lustgarten. Der Garten diente jedoch nicht der sexuellen Befriedigung von Herzog Moritz und seiner Gemahlin Amalia. Er bot den Herrschern und ihrem Gefolge in erster Linie die Gelegenheit zum Lustwandeln, also Spazierengehen. Offensichtlich wurde das den Herrschaften irgendwann zu langweilig, denn man verschenkte einen Teil des Parks an einen Unternehmer, der darauf eine Manufaktur errichtete. Auch der Rest des Parks wurde im Laufe der Zeit immer mehr bebaut.

Die Landesgartenschau 2004 in Zeitz bot die einmalige Chance, aus den Resten des einstigen Lustgartens eine grüne Oase für die ganze Stadt zu machen. Unter denkmalpflegerischen Gesichtspunkten wurde der Park von Schloss Moritzburg zu einem der schönsten Gärten von Sachsen-Anhalt, und zwar nicht nur bei Tag, sondern auch einmal im Jahr bei Nacht.

**Adresse** Schloßstraße 6, 06712 Zeitz, www.zeitz.de | **ÖPNV** mit der Regionalbahn von Leipzig bis Bahnhof Zeitz | **Anfahrt** A 38, Ausfahrt Leuna, Richtung Weißenfels, auf der B 91 25 Kilometer über Weißenfels bis Zeitz | **Öffnungszeiten** März 10–16 Uhr, April–Okt. 10–18 Uhr | **Tipp** Für echte Schlachtenbummler empfiehlt sich ein Ausflug auf das ehemalige Schlachtfeld auf dem Monarchenhügel in Großgörschen.

# 110_Unterirdisches Zeitz

*Jedem sein Fässchen*

Waren die Menschen im Mittelalter eigentlich jeden Tag besoffen? Oder nur ein bisschen angeheitert? Bier war im Mittelalter kein Genussmittel. Bier war ein Lebensmittel. Aus Bier wurde Suppe gemacht, und es wurde natürlich getrunken. Sauberes Wasser war eher selten, Cola-Automaten waren noch nicht erfunden, da war es sicherer, Wein oder eben Bier zu trinken. Eine schöne Zeit, mag so mancher denken. Aber man ging nicht zum nächsten Kiosk, die Biertrinker des Mittelalters brauten selbst. Sie mischten dem Bier auch allerlei Kräuter bei, um es haltbarer zu machen. Zum Beispiel Bilsenkraut. Das soll zusammen mit Tollkirsche auch Bestandteil der sogenannten Hexensalbe gewesen sein, die in die Haut gerieben Flughalluzinationen hervorrief. Vielleicht waren die Hexen vom Hexentanzplatz nur vom Bier besoffene Frauen, die einen Junggesellinnen-Abschied feierten. Wie auch immer, das so behandelte Bier musste jedenfalls zur Reifung in einen kühlen Keller.

Die Nachfrage nach Bier und das günstige Gestein ließen unter Zeitz im Mittelalter ein weit verzweigtes Kellersystem entstehen. Im 15. und 16. Jahrhundert erreichte das Brauhandwerk (und das Kellerbauhandwerk) in der Stadt Zeitz seinen Höhepunkt. Danach übernahmen nach und nach große Brauereien. Das private Brauen lohnte sich immer weniger, und die Bierkeller wurden zu ganz gewöhnlichen Kellern, die man wie überall einfach zumüllte.

1989 waren die Keller fast vergessen. Aber eben nur fast. Während anderswo die Menschen in Scharen »rübermachten«, gründete sich hier die Interessengemeinschaft »Unterirdisches Zeitz e.V.« und entsorgte den Müll der Vergangenheit. Schon 1992 waren viele Keller wieder begehbar.

Kinder lieben es, heute in diesen Gewölben Geburtstage mit gruseliger Schatzsuche zu feiern. Und auch manchem Erwachsenen wird es bei einer Führung durch die niedrigen Keller mulmig zumute.

Adresse Altmarkt 21, 06712 Zeitz, www.unterirdisches-zeitz.de | ÖPNV mit der RB von Leipzig bis Bahnhof Zeitz | Anfahrt A 38, Ausfahrt Leuna, Richtung Weißenfels, auf der B 91 25 Kilometer über Weißenfels bis Zeitz | Öffnungszeiten Di, Do 10–15 Uhr, Mi, Fr nur nach Anmeldung (ab 5 Personen), Sa, So und Feiertage 10–16 Uhr | Tipp Alljährlich findet im August im Nachbardorf Bockwitz das beliebte »Schlübberschießen« statt. Wer mitschießen will, findet die Infos unter www.bockwitzer-kneipe.de.

# 111_Das Denkmal für Katharina die Große

*Deutsch-russische Freundschaft*

Am 9. Juli 2009 wurde in Heidelberg ein Bericht über die Zulassung des ersten oralen Medikaments gegen Ejaculatio praecox verfasst. Und in Zerbst wurde am selben Tag ein großes Bronzedenkmal von Prinzessin Sophie von Anhalt-Zerbst eingeweiht. Nahezu zeitgleich machten also ein Medikament gegen vorzeitigen Samenerguss und ein Denkmal für eine schöne Prinzessin von sich reden. Nur ein Zufall, aber ein sehr passender, denn aus der schönen Zerbster Prinzessin wurde später die russische Zarin Katharina die Große. Und der wurde ja schon zu Lebzeiten ein nicht zu stillender Sexualtrieb unterstellt.

Diese Gerüchte sind wahrscheinlich Quatsch. Fakt ist, dass sie eine der fortschrittlichsten Herrscherinnen in der russischen Geschichte war. Katharina reformierte den russischen Staat. Gut, vorher ließ sie von einem Liebhaber ihren Mann, den Zaren, aus dem Weg räumen. Aber der war auch ein infantiler Narr. Unter Katharinas Regierung erlebte Russland eine wahre Blütezeit.

Die zukünftige Zarin kam 1744 mit 14 Jahren nach Moskau. Wer heute seine 14-jährige Tochter zum Heiraten nach Russland schickt, kriegt wahrscheinlich Besuch von der Super Nanny. Damals war diese arrangierte Ehe ein Glücksfall für Anhalt-Zerbst. So schaffte es das kleine Fürstentum auf die politische Weltkarte. Katharina die Große wurde nicht in Zerbst geboren. Tatsächlich lebte sie mit ihrer Familie nur zwei Jahre in der Stadt. Die Zerbster werden sagen, na und, genau das waren die prägendsten Jahre ihres Lebens. Schließlich machte sie sich von Zerbst auf, um die Welt zu erobern. Richtig, und heute erinnert man wieder sehr gern an die große »Tochter«. Sichtbarstes Andenken ist das fast fünf Meter hohe Denkmal im Schlossgarten, geschaffen vom russischen Künstler Michael Perejaslawez.

**Adresse** Schloßfreiheit 12, 39261 Zerbst (Anhalt), www.alt-zerbst.de | **ÖPNV** Züge der Bahnstrecke Biederitz–Dessau bis Bahnhof Zerbst | **Anfahrt** über die B 184 und die B 187a | **Tipp** Die Kirche St. Bartholomäi gegenüber der Schloßfreiheit beeindruckt beim Rundgang durch überraschende Perspektiven.

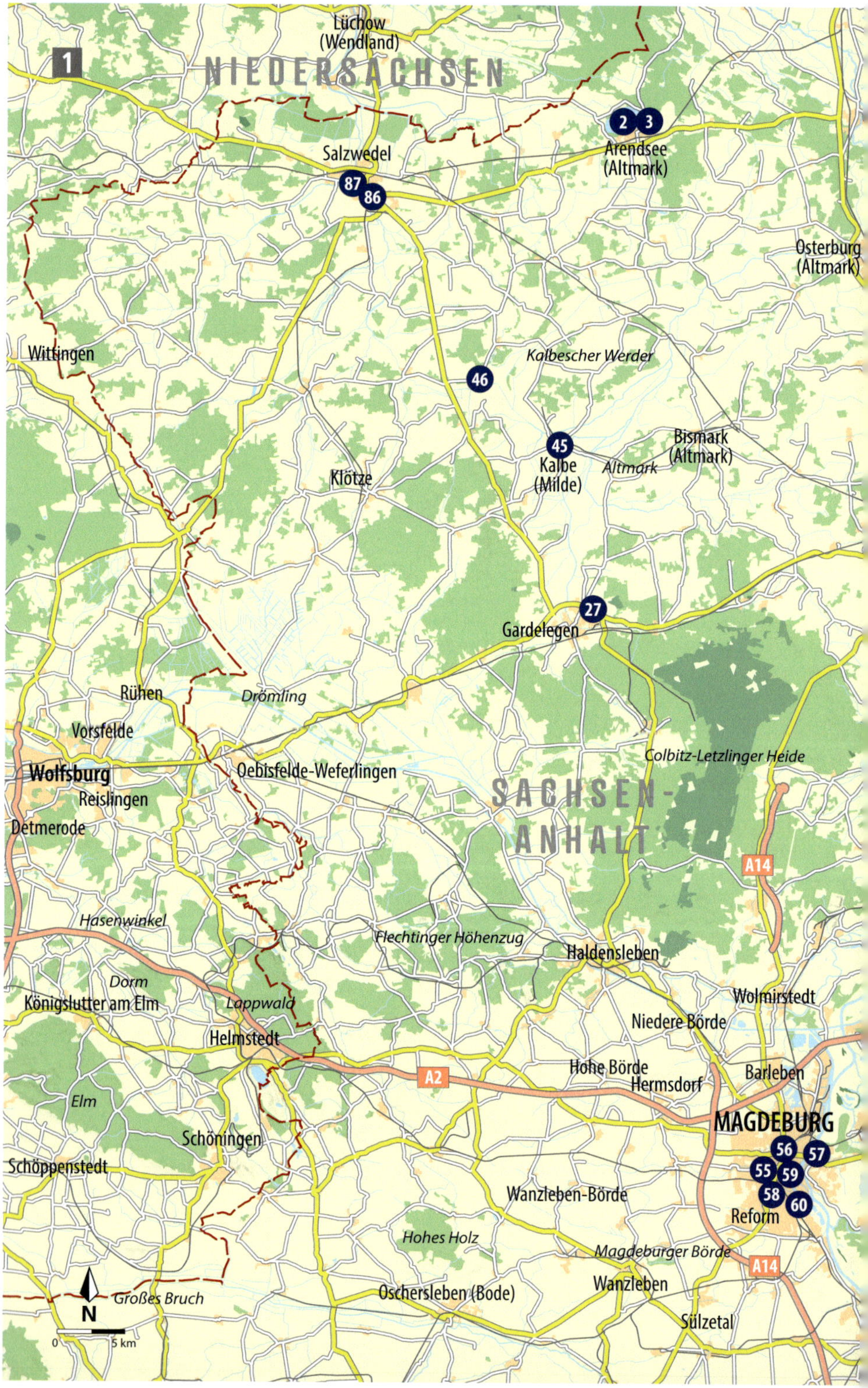

1
NIEDERSACHSEN
Lüchow (Wendland)
Salzwedel
Arendsee (Altmark)
Osterburg (Altmark)
Wittingen
Kalbescher Werder
Bismark (Altmark)
Kalbe (Milde)
Altmark
Klötze
Gardelegen
Rühen
Drömling
Vorsfelde
Wolfsburg
Reislingen
Detmerode
Oebisfelde-Weferlingen
Colbitz-Letzlinger Heide
SACHSEN-ANHALT
A14
Hasenwinkel
Flechtinger Höhenzug
Haldensleben
Dorm
Königslutter am Elm
Lappwald
Helmstedt
Wolmirstedt
Niedere Börde
A2
Hohe Börde
Hermsdorf
Barleben
MAGDEBURG
Elm
Schöningen
Schöppenstedt
Wanzleben-Börde
Reform
Hohes Holz
Magdeburger Börde
Großes Bruch
Oschersleben (Bode)
Wanzleben
Sülzetal
N
0
5 km
2
3
87
86
46
45
27
56
57
55
59
58
60

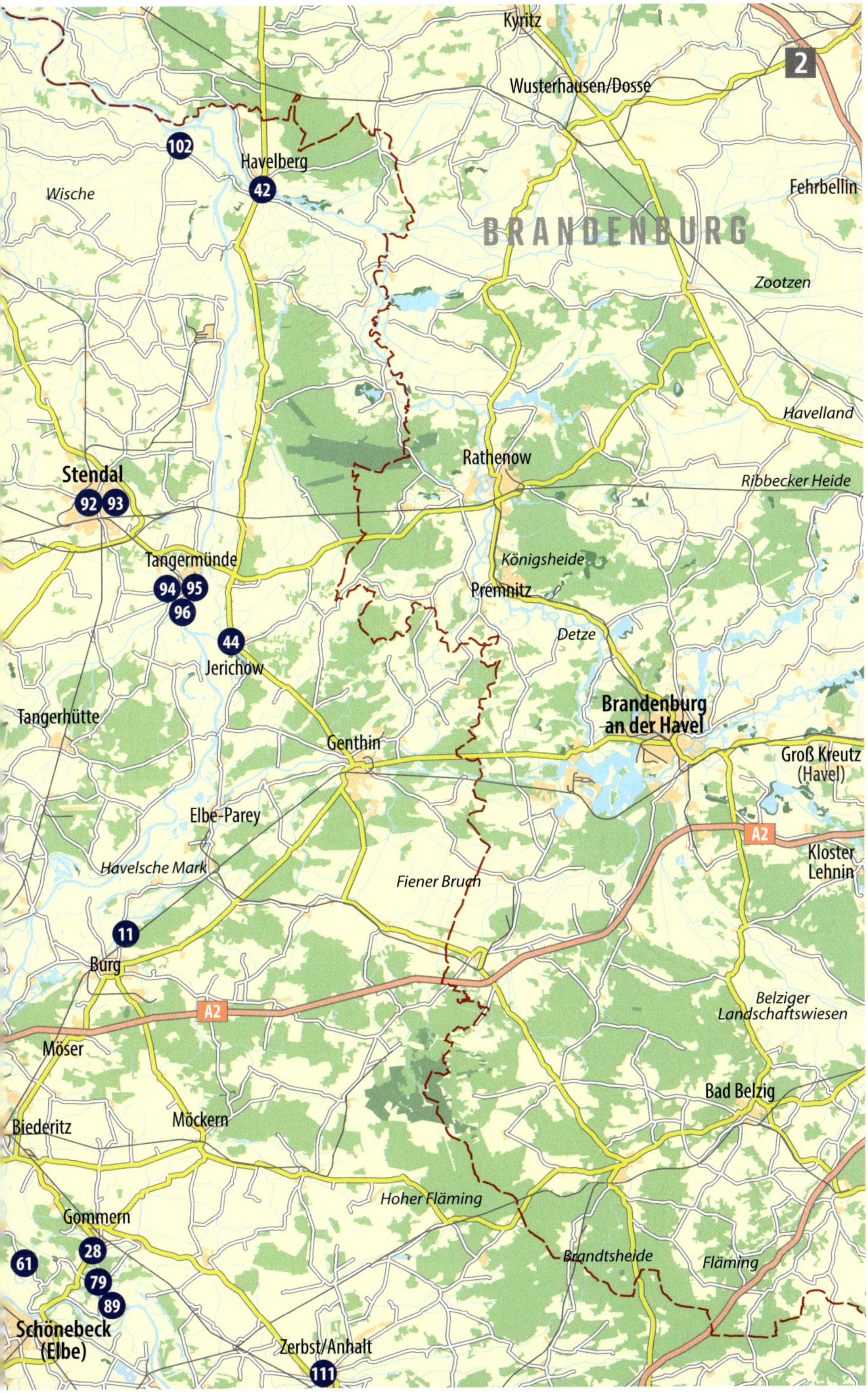
2
Kyritz
Wusterhausen/Dosse
102
Havelberg
42
Wische
Fehrbellin
BRANDENBURG
Zootzen
Havelland
Rathenow
Stendal
92
93
Ribbecker Heide
Tangermünde
Königsheide
94
95
96
Premnitz
44
Detze
Jerichow
Brandenburg an der Havel
Tangerhütte
Genthin
Groß Kreutz (Havel)
Elbe-Parey
A2
Kloster Lehnin
Havelsche Mark
Fiener Bruch
11
Burg
A2
Belziger Landschaftswiesen
Möser
Bad Belzig
Biederitz
Möckern
Hoher Fläming
Gommern
28
61
79
Brandtsheide
Fläming
89
Schönebeck (Elbe)
Zerbst/Anhalt
111

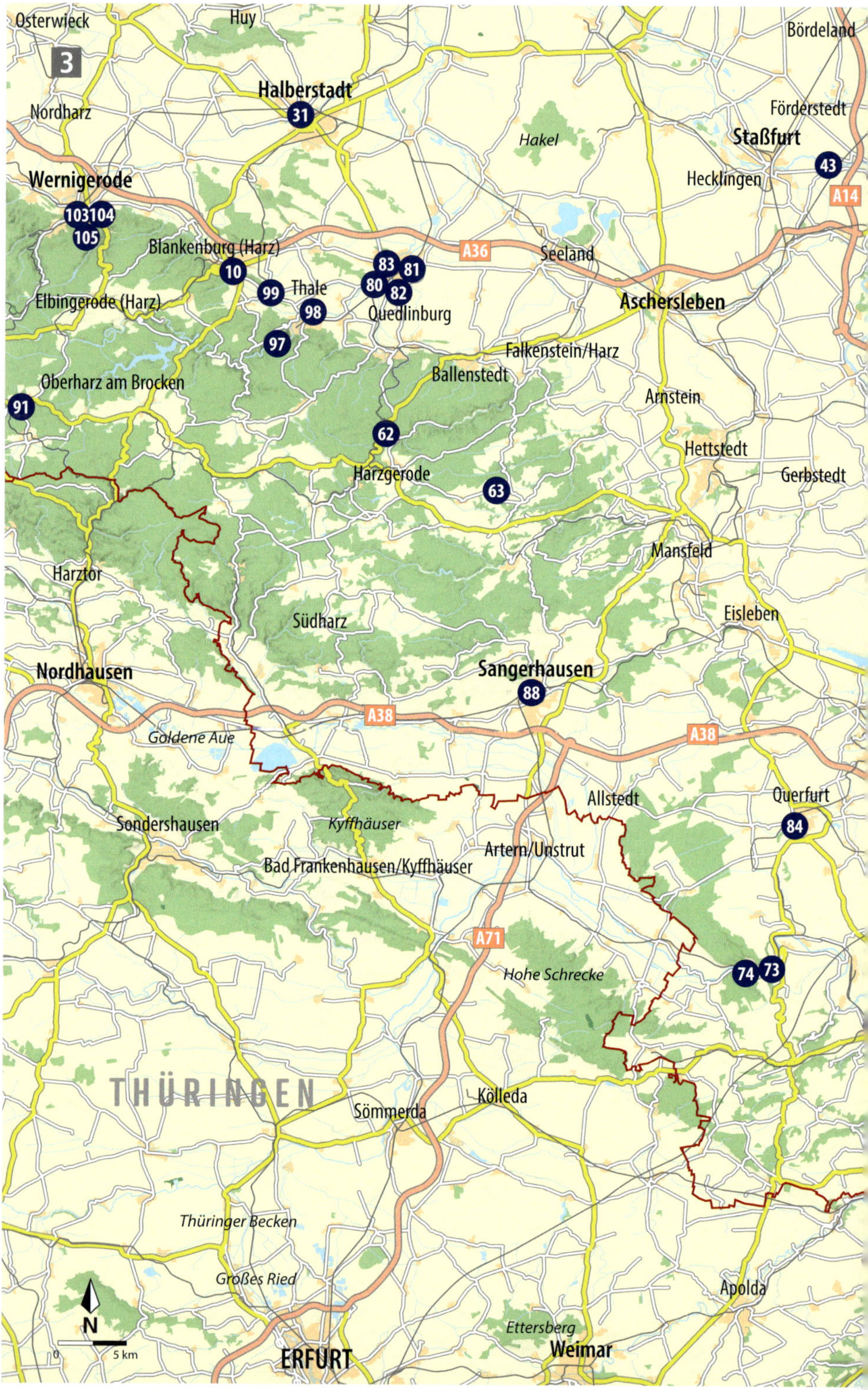
3
Osterwieck
Huy
Bördeland
Halberstadt
31
Nordharz
Förderstedt
Hakel
Staßfurt
43
Hecklingen
A14
Wernigerode
103
104
105
Blankenburg (Harz)
A36
Seeland
10
83
81
99
Thale
80
82
Elbingerode (Harz)
98
Quedlinburg
Aschersleben
97
Falkenstein/Harz
Ballenstedt
Oberharz am Brocken
Arnstein
91
62
Hettstedt
Harzgerode
Gerbstedt
63
Mansfeld
Harztor
Südharz
Eisleben
Nordhausen
Sangerhausen
88
A38
Goldene Aue
A38
Allstedt
Querfurt
84
Sondershausen
Kyffhäuser
Artern/Unstrut
Bad Frankenhausen/Kyffhäuser
A71
Hohe Schrecke
74
73
THÜRINGEN
Sömmerda
Kölleda
Thüringer Becken
Großes Ried
Apolda
N
0
5 km
Ettersberg
ERFURT
Weimar

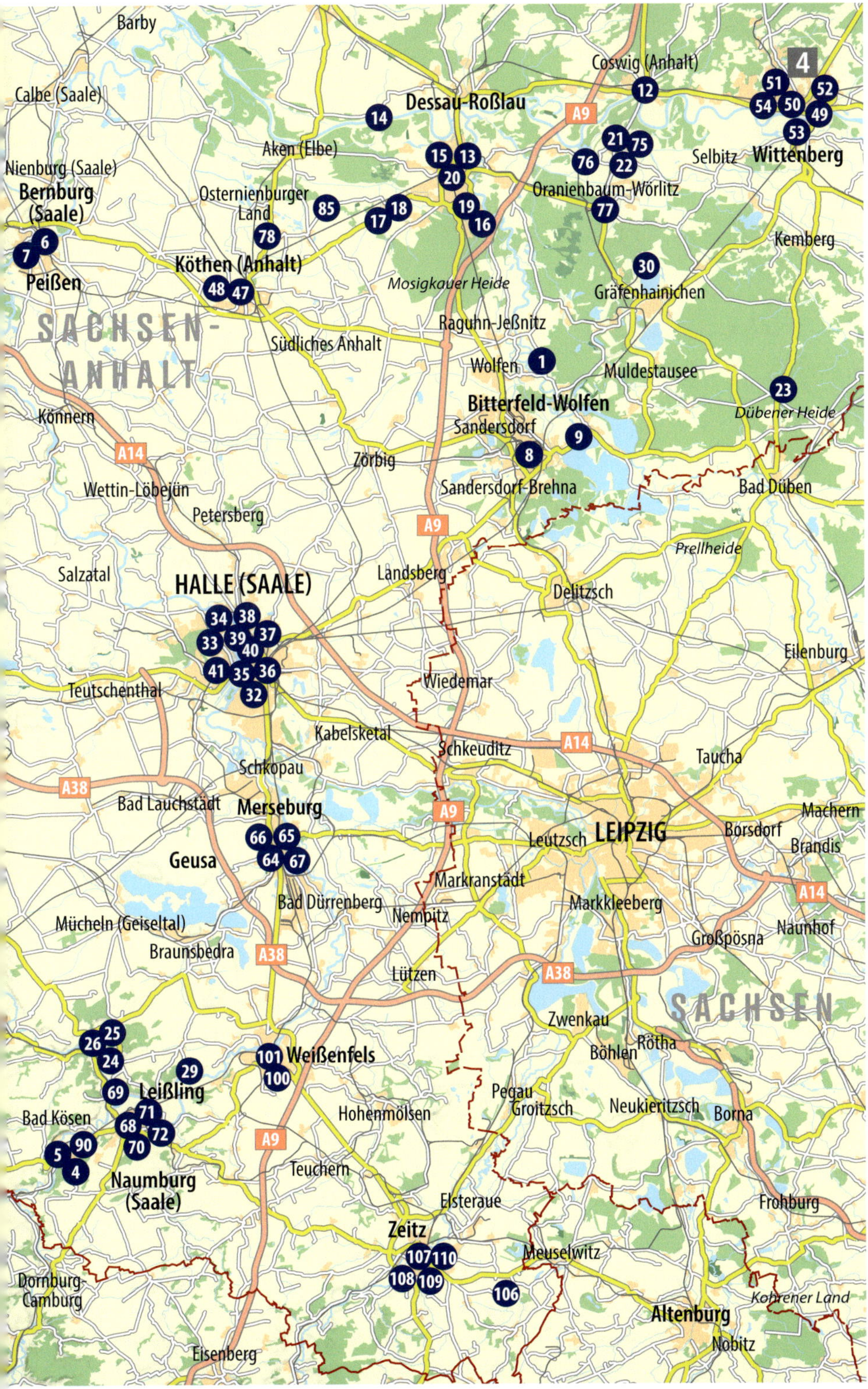
4
Barby
Calbe (Saale)
Coswig (Anhalt)
Dessau-Roßlau
A9
Aken (Elbe)
Selbitz
Wittenberg
Nienburg (Saale)
Bernburg (Saale)
Osternienburger Land
Oranienbaum-Wörlitz
Kemberg
Peißen
Köthen (Anhalt)
Mosigkauer Heide
Gräfenhainichen
SACHSEN-ANHALT
Raguhn-Jeßnitz
Südliches Anhalt
Wolfen
Muldestausee
Bitterfeld-Wolfen
Sandersdorf
Dübener Heide
Könnern
A14
Zörbig
Sandersdorf-Brehna
Bad Düben
Wettin-Löbejün
Petersberg
A9
Prellheide
Salzatal
HALLE (SAALE)
Landsberg
Delitzsch
Eilenburg
Teutschenthal
Wiedemar
Kabelsketal
Schkeuditz
A14
Taucha
Schkopau
A38
Bad Lauchstädt
Merseburg
A9
Machern
Leutzsch
LEIPZIG
Borsdorf
Brandis
Geusa
Markranstädt
A14
Bad Dürrenberg
Nempitz
Markkleeberg
Mücheln (Geiseltal)
Großpösna
Naunhof
Braunsbedra
A38
Lützen
A38
SACHSEN
Zwenkau
Rötha
Böhlen
Weißenfels
Leißling
Pegau
Groitzsch
Neukieritzsch
Borna
Bad Kösen
Hohenmölsen
A9
Teuchern
Naumburg (Saale)
Elsteraue
Frohburg
Zeitz
Meuselwitz
Dornburg-Camburg
Kohrener Land
Altenburg
Nobitz
Eisenberg
1
4
5
6
7
8
9
12
13
14
15
16
17
18
19
20
21
22
23
24
25
26
29
30
32
33
34
35
36
37
38
39
40
41
47
48
49
50
51
52
53
54
64
65
66
67
68
69
70
71
72
75
76
77
78
85
90
100
101
106
107
108
109
110

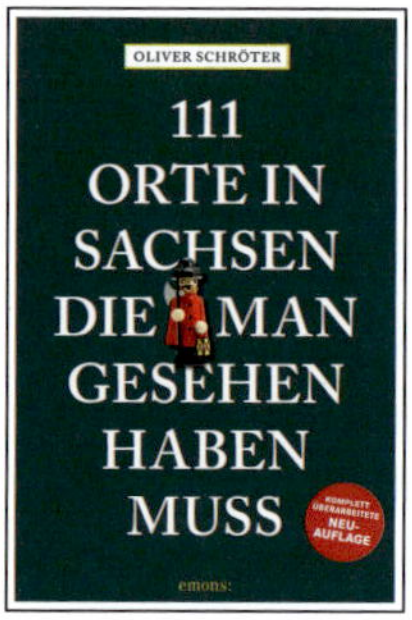


Oliver Schröter
**111 Orte in Sachsen die man gesehen haben muss**
ISBN 978-3-7408-1470-0

Gabriele Kalmbach
**111 Orte in Dresden, die man gesehen haben muss**
ISBN 978-3-89705-909-2

Ulf Annel
**111 Orte an der Unstrut, die man gesehen haben muss**
ISBN 978-3-7408-0347-6

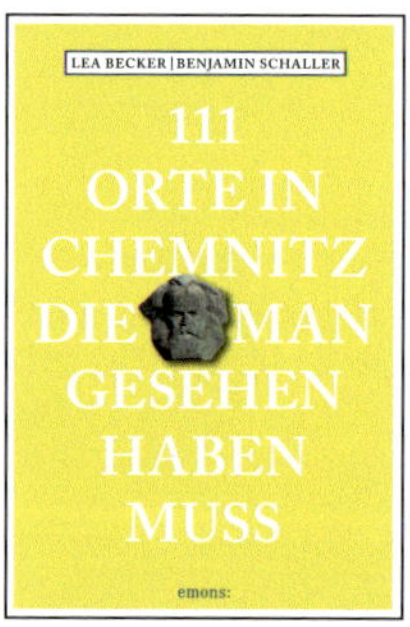


Lea Becker, Benjamin Schaller
**111 Orte in Chemnitz, die man gesehen haben muss**
ISBN 978-3-7408-1175-4

Oliver Schröter
**111 Orte in Leipzig, die man gesehen haben muss**
ISBN 978-3-7408-0872-3

Kirsten Elsner-Schichor
**111 Orte im Harz, die man gesehen haben muss**
ISBN 978-3-7408-1543-1

Ulf Annel
**111 Orte in und um Weimar, die man gesehen haben muss**
ISBN 978-3-7408-1193-8

Ulf Annel
**111 Orte rund um die Wartburg, die man gesehen haben muss**
ISBN 978-3-7408-0981-2

Ulf Annel
**111 Orte in Erfurt, die man gesehen haben muss**
ISBN 978-3-7408-1635-3

Ulf Annel
**111 Orte in und um Erfurt, die man gesehen haben muss**
ISBN 978-3-95451-913-2

Matthias Pick
**111 Orte in Jena, die man gesehen haben muss**
ISBN 978-3-7408-1631-5

Paul Stänner
**111 Orte in Brandenburg, die uns Geschichte erzählen**
ISBN 978-3-7408-1650-6

Lucia Jay von Seldeneck
**111 Orte in Berlin, die man gesehen haben muss**
ISBN 978-3-7408-1680-3

Lucia Jay von Seldeneck, Carolin Huder
**111 Orte in Berlin, die man gesehen haben muss Band 2**
ISBN 978-3-95451-207-2

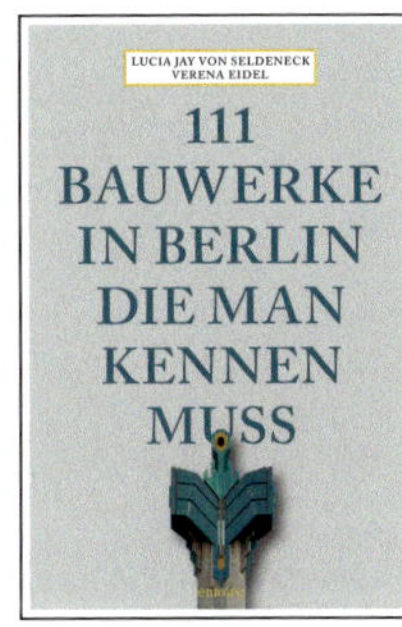


Lucia Jay von Seldeneck
**111 Bauwerke in Berlin, die man kennen muss**
ISBN 978-3-7408-0995-9

Axel Klingenberg
**111 Orte im Braunschweiger Land, die man gesehen haben muss**
ISBN 978-3-95451-671-1

Alexandra Schlennstedt, Jobst Schlennstedt
**111 Orte in der Lüneburger Heide, die man gesehen haben muss**
ISBN 978-3-95451-844-9

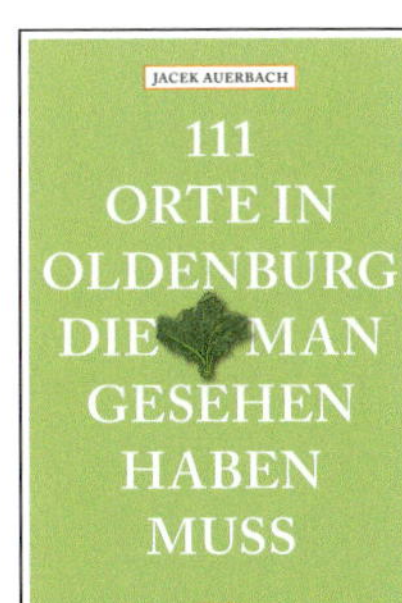


Jacek Auerbach
**111 Orte in Oldenburg, die man gesehen haben muss**
ISBN 978-3-7408-0249-3

Lars M. Vollmering
**111 Orte in Wolfsburg, die man gesehen haben muss**
ISBN 978-3-7408-1094-8

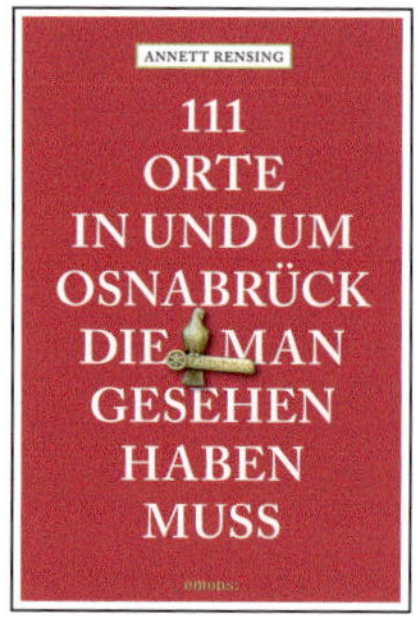


Annett Rensing
**111 Orte in und um Osnabrück, die man gesehen haben muss**
ISBN 978-3-7408-1194-5

Jochen Reiss
**111 Orte in und um Göttingen, die man gesehen haben muss**
ISBN 978-3-7408-1353-6

Cornelia Kuhnert
**111 Orte rund um Hannover, die man gesehen haben muss**
ISBN 978-3-7408-1351-2

Uwe Grießmann, Sonja Klima
**111 Orte in und um Hildesheim, die man gesehen haben muss**
ISBN 978-3-7408-1421-2

Cornelia Kuhnert
**111 Orte in Hannover die man gesehen haben muss**
ISBN 978-3-7408-1513-4

Christine Izeki, Gerald Roemer
**111 Orte im Wendland, die man gesehen haben muss**
ISBN 978-3-7408-1520-2

Dietmar Hoos
**111 Orte in Kassel, die man gesehen haben muss**
ISBN 978-3-7408-1188-4

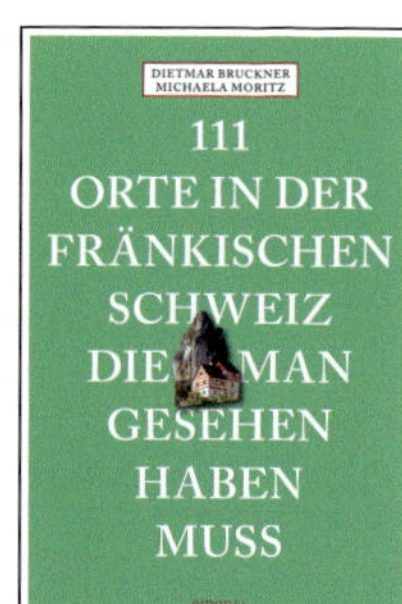


Dietmar Bruckner, Michaela Moritz
**111 Orte in der Fränkischen Schweiz, die man gesehen haben muss**
ISBN 978-3-7408-1089-4

*Danksagung*

Ich danke meiner Familie und allen Freunden und Bekannten, die mich voller Begeisterung mit mehr als 111 Tipps zu Sachsen-Anhalt unterstützt haben. Heike Stein und Oliver Schröter für ihre Gastfreundschaft. Martin Stein, der mir mit seinen Ideen und Kenntnissen erst den Weg zu vielen spannenden Orten gezeigt hat. Vielen Dank! Dr. Miriam Haritz und Vincent Thommessen bekommen einen dicken Kuss für ihre Kreativität bei der Bearbeitung und Auswahl der Fotos. Und besonders danke ich Susan Schröter, die sehr gewissenhaft viele Informationen in dieser Auflage geprüft und aktualisiert hat. Fühlt euch umarmt!

**René Förder** floh mit 20 Jahren aus der DDR. Er arbeitete bis 1992 als Krankenpfleger auf einer Intensivstation. Das Studium der Sozialwissenschaften brach er zugunsten der Autorentätigkeit ab. Von 2001 bis 2005 war er Autor / Chefautor bei Sony Pictures. Seit 2005 ist er freier Drehbuchautor. Für seine Arbeit erhielt er den Deutschen Fernsehpreis, den Comedy Preis und war für den International Emmy nominiert. www.jtc-autoren.de